LOS SUPER PODERES DE LA MAMÁ PRIMERIZA

LOS SUPERPODERES DE LA MAMÁ PRIMERIZA

Activa tus poderes para enfrentarte a la maternidad y úsalos a tu favor.

Diany Peñaloza

Nota a los lectores: Esta publicación contiene las opiniones e ideas de su autor. Su intención es ofrecer material útil e informativo sobre el tema tratado. Las estrategias señaladas en este libro pueden no ser apropiadas para todos los individuos y no se garantiza que produzca ningún resultado en particular. Este libro se vende bajo el supuesto de que ni el autor, ni el editor, ni la imprenta se dedican a prestar asesoría o servicios profesionales legales, financieros, de contaduría, psicología u otros. El lector deberá consultar a un profesional capacitado antes de adoptar las sugerencias de este, la integridad de la información o referencias incluidas aquí. Tanto el autor, como el editor, la imprenta y todas las partes implicadas en el diseño de portada y distribución, niegan específicamente cualquier responsabilidad por obligaciones, pérdidas o riesgos, personales o de otro tipo, en que se incurra como consecuencia, directa o indirecta, del uso y aplicación de cualquier contenido del libro.
Este libro no podrá ser reproducido, ni total ni parcialmente, sin previo permiso escrito del autor. Todos los derechos reservados.

Título: *Los super poderes de la mamá primeriza*
© 2019, Diany Peñaloza

Autoedición y Diseño: 2019, Diany Peñaloza

Primera edición: octubre de 2019
Segunda edición: mayo de 2020
ISBN-13: 978-84-18098-57-4

La publicación de esta obra puede estar sujeta a futuras correcciones y ampliaciones por parte del autor, así como son de su responsabilidad las opiniones que en ella se exponen.
Quedan prohibidas, dentro de los límites establecidos por la ley y bajo las prevenciones legalmente previstas, la reproducción total o parcial de esta obra por cualquier medio o procedimiento, ya sea electrónico o mecánico, el tratamiento informático, el alquiler o cualquier forma de cesión de la obra sin autorización escrita de los titulares de copyright.

"Dios no podía estar en todos lados y, por tanto, hizo a las madres".

Rudyard Kipling.

Dedicado a ti, querida madre de familia que con valentía y amor te inicias en este camino difícil, pero extremadamente fascinante, de la maternidad.

Recuerda que, para poder dar a los tuyos lo mejor de ti, tú debes ser la primera en estar bien.

Ámate, cuídate, valórate y activa tus superpoderes interiores para **transformarte** en una supermamá.

ÍNDICE

AGRADECIMIENTOS 13
INTRODUCCIÓN. 15
¿CÓMO SABER SI ESTE LIBRO ES PARA TI? 19
¿QUIÉN ES DIANY?. 25
PRÓLOGO DE DEBBI DIMAGGIO 33

1. LA AGRIDULCE ESPERA 35
2. PODER VERDE, SANADOR Y PROTECTOR. 45
3. FELICIDADES, ERES MAMÁ. 57
4. EL PODER VERDE SE MAGNIFICA 75
5. ¿CÓMO POTENCIO MI PODER VERDE? 87
6. PODER VERDE CON AFIRMACIONES POSITIVAS 103
7. ¿SOY MAMÁ DE MENTE FIJA
   O DE MENTE EN CRECIMIENTO? 109
8. SE ABRE EL TELÓN 113
9. CONOCE TUS PRINCIPALES MOTIVACIONES 121
10. INTRODUCCIÓN AL PODER ROSA 127
11. MI MARIDO, UN GRAN APOYO. 141
12. DIFICULTADES: FAMILIA POLÍTICA. 161
13. DIFICULTADES: ENTORNO EXTERNO. 169
14. LACTANCIA MATERNA. 177
15. DETECTANDO EL PODER ROSA 189
16. ACTIVANDO EL PODER ROSA. 197

17. EL PODER AZUL, CLARIFICADOR MENTAL 207
18. *HOME SCHOOLING* 227
19. POTENCIANDO EL PODER AZUL 241
20. DIOS CONFÍA EN TI 249

TESTIMONIOS.................................... 251

AGRADECIMIENTOS

Te agradezco con todo mi corazón a ti, Kimberly, hija, porque me elegiste a mí para ayudarte y guiarte en tu aprendizaje terrenal.

Gracias porque, al elegirme, me regalaste una nueva vida llena de retos y desafíos, pero también llena de una felicidad infinita.

Gracias porque es por ti que soy quién soy ahora, tú llegaste a enseñarme cosas de mí que desconocía, cosas que me han hecho darme cuenta de que soy superpoderosa, solo que no lo sabía.

Gracias, princesa, porque ahora con este aprendizaje podremos bendecir juntas a muchas mamás, pero también a muchos bebés que vendrán a este mundo a disfrutar de la compañía de una mamá feliz. **Te amo.**

Gracias, Carles, mi amor, porque tú no crees en mis proyectos, tú crees **en mí.** Da igual si hago cosas que para ti son una total locura, me apoyas. Gracias por regalarme la dicha de ser ¡madre!

Gracias por ser ese esposo ideal porque ni el mismísimo Walt Disney te pudo haber creado tan valiente, tan bondadoso y tan **buen papá. Te amo.**

Gracias a mis mejores amigos, es decir, a **mis padres,** los quiero con locura, gracias por cuidarme, por amarme, por bendecir mi vida con vuestra presencia.

Gracias por darme la libertad de soñar, gracias por confiar en mí.

Los amo con todo mi corazón.

INTRODUCCIÓN

Querida mamá:

Entre tú y yo hay una cosa en común, somos **mamás** y eso es algo que solo entre nosotras podemos entender.

La gente puede imaginar o suponer, sin embargo, nada se puede comparar con la gran bendición de ser madre.

Solo nosotras sabemos lo que es sobrepasar nuestros propios límites de tolerancia, esos que ni sospechábamos que teníamos, y cómo pasar de ellos a los límites de la infinita felicidad, al sentir el calor de un beso de nuestros hijos.

Es por eso que este manual es para ti, porque Dios te entregó una misión importante, la misión de ser **madre.**

Pero no una mamá que solo sirve como medio para traerlo/a al mundo y se pierde en el camino.

Sino realmente ser una supermamá poderosa en todo su esplendor, que entrega en el camino su mejor versión.

Dios te está haciendo un llamado para ser esa **supermamá** que con su transformación creará un mundo mejor por ella, por sus hijos y por toda su descendencia.

INTRODUCCIÓN

Ahora te invito a dar ese primer paso de compromiso, ¿qué te parece si te haces una foto con este libro y la compartes en tus redes sociales?

Compártela con el hashtag **#lossuperpoderesmp.**

En ella escribe: "**Yo soy una mamá primeriza superpoderosa**".

Porque no existe una sola mamá en el mundo que no lo sea, solo que algunas no lo saben.

Ayúdame a dar a conocer este mensaje para que no quede una sola mamá en el mundo sin activar sus superpoderes.

Porque todos estamos conectados y, lo que haces tú, nos afecta a todos.

"*Da siempre lo mejor de ti y lo mejor vendrá*".

Madre Teresa de Calcuta.

¿CÓMO SABER SI ESTE LIBRO ES PARA TI?

¿Recuerdas ese primer momento en que te enteraste de que serías mamá por **primera vez**?

¿Qué sentiste?

Puedes percibir aún esa emoción recorriendo todo tu cuerpo, mezclada con un miedo a lo desconocido, y ese toque de incredibilidad al no poder siquiera creer lo que está sucediendo.

De pronto, tu mente se vuelve un mar de dudas, algunas posiblemente tu ginecólogo/a te las responderá.

Pero ¿y las demás?

Muchos son los libros, artículos, *blogs* o hasta memes en los cuales se representa a la mamá como una heroína con superpoderes, sin embargo, si los lees detenidamente, no son más que **¡BASURA!**

¿Un superoído? ¿Un supertacto? ¿Una superpaciencia?

Pero ¿qué me estás contando? Y eso, ¿para qué me sirve?

Puede que para reír un rato esté muy bien, sin embargo, eso no responde a tus dudas, temores y preocupaciones.

¿Qué pensarías si te dijera que has nacido con tres poderes interiores que, si aprendes a usarlos a tu favor, podrás no solo superar con éxito el inicio de la maternidad, sino que podrías transformar totalmente tu mundo?

Pues bien, a raíz del nacimiento de mi hija, inicié una aventura dura, difícil y maravillosa.

Y ahora tú, querida lectora, si estás aquí es porque seguramente también te encuentras llena de entusiasmo, queriendo convertirte en aquella mamá que siempre soñaste ser.

Déjame decirte que sí es posible, que el mundo está cambiando y las mentes están despertando.

Te invito a que te sumes a este **despertar de conciencia** para que puedas convertirte en una mamá superpoderosa con las herramientas que te revelaré.

Este será no un libro más en tu vida, sino un gran aliado dentro de esta aventura en la cual te esperan cosas realmente transformadoras.

Pero para ello deberás trabajar duro y superar muchas batallas.

Porque una verdadera heroína debe mostrar, valor, amor, bondad, justicia, y tener una fuerza mental increíble.

¿Estás dispuesta a hacerlo?

Para ello he creado **la técnica de los superpoderes,** con la cual te revelaré cuáles son los **poderes esenciales** que debes detectar y de los cuales debes tomar conciencia.

También te enseñaré a potenciarlos para que jueguen a tu favor.

Esta técnica la he creado basada en métodos y técnicas altamente efectivas.

He cogido un poco de lo mejor de cada una de ellas, cual ingrediente de una estupenda receta de cocina, y el resultado ha sido esta maravillosa y altamente efectiva técnica.

En este primer tomo, concretamente, trabajaremos con **tres poderes base.**

Cada uno de estos **tres poderes** creará en ti una **base sólida** para que puedas afrontar todos los cambios que están por venir, y te ayudarán de una forma única y diferente.

Para tu fácil comprensión, los he relacionado con **tres colores**: **verde, rosa y azul.**

A partir de ahora, con ellos te sentirás **altamente identificada.**

Estos colores serán tu manera de poderlos **visualizar y sentir** presentes.

En el transcurso del libro te los iré presentando uno a uno.

No importa si los colores en sí ahora mismo no te dicen nada, tienes que **sumergirte** primero en ellos y no los querrás dejar **jamás.**

¿De dónde vienen?

Tal cual te he explicado, están dentro de ti, son esos poderes que desde que has nacido te acompañan y que se empiezan a **activar con gran fuerza** al iniciar la aventura de ser mamá.

Con este manual te mostraré cuáles son **esos tres superpoderes** más efectivos de la maternidad y cómo activarlos para lograr así una crianza feliz.

A continuación, te haré una breve presentación para que puedas darte una idea de lo que encontrarás en cada uno de ellos.

El poder verde será tu poder **sanador y protector.**

Veamos primero el **significado** del color verde.

El color verde es un color relajante y refrescante que induce a quién lo contempla a sensaciones de serenidad y armonía. Está íntimamente relacionado con todo lo natural, simbolizando también **la vida, la fertilidad y la buena salud.**

Pues bien, será de vital importancia que lo conozcas y lo sepas potenciar, pues debes estar **muy fuerte físicamente** para poder llevar con éxito a partir de ahora el cuidado, no solo tuyo, sino de tu bebé que está en camino o que acaba de nacer.

Recuerda que debes estar primero bien tú, para poder dar lo mejor de ti. Una mamá físicamente agotada y sin fuerzas difícilmente ganará las batallas que están por venir.

El siguiente poder que también será primordial que conozcas, pero además que lo sepas activar y potenciar, será el **poder rosa.**

Veamos primero el significado de este maravilloso color.

El color rosa es un color relajante que **influye en los sentimientos,** invitándolos a ser amables, suaves y profundos, e induciéndonos de esta forma a sentir cariño, amor y protección. Las palabras clave que se asocian con el rosa son inocencia, **amor, entrega y generosidad.**

Este poder será el que te ayudará a sentir y a dar **amor,** primero a ti misma y luego a tu bebé, así como a todo tu entorno más cercano.

El **poder rosa** también te despertará la **empatía** por los demás, lo cual te llevará a comprender mejor los cambios que irás percibiendo a partir de ahora del entorno y la misma sociedad, que esperará que te ciñas a los estereotipos establecidos que imponen el *cómo debe o debería actuar una mamá.*

Y finalmente tu **poder azul, clarificador mental,** que te ayudará a tomar **conciencia** de **tu poder de decisión**.

Conozcamos su significado de este color tan mágico.

El azul es el color de la tranquilidad, de la paz espiritual, aquel que nos hace sentir cómodos y tranquilos. Este color está fuertemente asociado con **la limpieza y pureza**.

Estos **tres poderes** serán tus más grandes aliados, no conocerlos o no saber usarlos podrías lamentarlo.

Este libro va dirigido a ti, que estás embarazada, llena de sueños, con mil expectativas, sin saber cuáles podrás llevar a cabo y cuáles **no.**

También para ti, **mamá primeriza,** que quizás hace muy poco que acabas de dar a luz a tu bebé y empiezas a descubrir que ya no eres la misma.

O incluso para ti, que no eres ninguna de las anteriores, pero te interesa conocer un poco más el camino que las mamás recorremos para tu crecimiento personal.

En todo caso, ¡**felicidades!**

Estás aquí dando un paso importante en tu vida.

Con este manual te revelaré todo lo que alguna vez **otra mamá** hubiera **deseado saber** a tiempo.

No vas a encontrar otro libro que te lo muestre y detalle como lo haré aquí, ya que la mayoría de las cosas publicadas sobre el tema son como los **falsos amigos,** te dicen lo que quieres escuchar, te hacen feliz a **corto plazo,** pero el problema persiste a **largo plazo** y, en muchos de los casos, muchas mujeres terminan en divorcios, separaciones y, en casos extremos, dañan a la criatura. Todo por no estar debidamente informadas.

Yo no estoy aquí para ser tu **falsa amiga,** yo te guiaré con un **plan efectivo,** con unos **sencillos pasos** y, de esta forma, te vuelvas realmente toda una **heroína de tu propio cuento.** Mi finalidad no es que consigas ser solo una supermamá, es que seas una **supermujer.**

¿Estás lista?

¿QUIÉN ES DIANY?

La vida nos va llevando por caminos insospechados, lo realmente importante es aprender de cada uno de ellos y ver la oportunidad donde el resto no la ve.

Hay momentos en la vida en que todo cambia para siempre, los seres humanos vamos pasando diferentes etapas, aunque todos solemos hablar más de la infancia, adolescencia y adultez. Hay otras, como en el caso de la maternidad, que marcan un antes y un después en nuestras vidas.

Soy Diany Peñaloza y me convertí en madre hace tres años, mi hija llegó a mi vida a regalarme una **vida nueva**.

Muchas veces comparo esta transformación con una mariposa, ya que cualquiera diría que, al hacer la transición de oruga a mariposa, la oruga muriera. Sin embargo, es tan solo el inicio de una vida mucho mejor.

> **Fue como morir ese día en el hospital y volver a nacer como mamá y nueva mujer renovada y recargada.**

El día en que la tuve por primera vez en mis brazos, dejé de ser esa niña llena de miedos e inseguridades.

Pasé a ser una mujer que sabe **lo que quiere** y que lucha por construirlo día a día.

Sin importar mis actuales circunstancias, **simplemente lo hago**.

He descubierto **mis superpoderes** interiores, aquellos con los que Dios dotó a todas las madres, solo que algunas aún no lo saben.

Pero llegar hasta aquí no ha sido nada fácil.

El principio fue muy duro, no entendía todos los cambios que se me presentaban.

Llegó un punto en el cual todo fue tan complicado que empecé a presentar constantes episodios de ansiedad.

Aquí, cuando toqué fondo fue cuando descubrí, a través de las leyes universales y los métodos de resolución de conflictos, que la única responsable de todo lo que me sucedía era yo.

Estos métodos son tan efectivos que han perdurado en el tiempo, por ello, yo les abrí las puertas en mi vida y me permití disfrutar de sus enormes beneficios y gran bendición.

Fue entonces cuando empecé a ver cambios extraordinarios en mi vida, consiguiendo no solo llevar una crianza feliz, sino convertirme en esa mujer que siempre soñé ser.

Hoy estoy aquí para decirte que, si yo puedo, ¡tú también puedes!

Porque una mamá superpoderosa no nace, se hace.

Mi trabajo consiste en ayudarte a que tu camino hacia una crianza feliz lo recorras a paso firme, llena de poder, ese poder que solo Dios te ha dado a ti y a nadie más.

Todas mis teorías creyendo que la maternidad sería fácil por mis estudios en **Educación Infantil (de cero a tres años),** mis asignaturas en la **carrera de Psicología, en cursos** o mis **mil frases positivas,** se quedaron pequeñas al lado de lo que es enfrentarse al mundo desconocido y fascinante de **ser mamá.**

Desde el inicio, como ya te comenté, todo fue muy duro, desde los dolores que la cesárea me provocaba, la lactancia materna, los cólicos de mi bebé, que se extendieron durante cinco meses en los cuales mi espalda no podía ya más.

A eso, sumado que la gente de mi entorno no me lo estaba poniendo nada fácil, lejos de hacerme sentir tranquila, me dejaban clara la postura de no compartir mi manera de cuidar y educar a mi niña.

Todo esto me acabó llevando a un estado de depresión e, incluso, ansiedad. Mi cuerpo estaba físicamente muy cansado, sin embargo, mi estado emocional también estaba desgastándose y mi fuerza empezaba a terminarse.

Por suerte, mi gusto por la lectura no se vio afectado y, cuando sentí que mis fuerzas ya no podían más, descubrí muchos libros sobre el **ho'oponopono**. El cual, primero que nada, me ayudó a darme cuenta de mi poder creador, con el que descubrí mi poder sanador y amoroso.

Logré entender que todo lo que estaba sucediendo era tan solo mi responsabilidad y, entonces, pude empezar a trabajar en mejorarlo.

Sanar no fue fácil, sin embargo, solo tenía dos opciones: **sanar y tener fe** en que esto funcionaba, o bien llorar cada noche esperando a que sucediera un milagro, sin hacer absolutamente nada.

Y sabes, querida lectora, ¡**yo ya elegí!**

Y es por ello que tengo **resultados increíbles** en mi vida actual y seguirán creciendo en mi vida futura.

¿Por qué? Porque yo no doy opción.

Yo he decidido.

Y espero que tú decidas, junto a mí, conocerte como mamá y como mujer, para que puedas desarrollar todo tu potencial como madre superpoderosa.

Pues bien, durante mi investigación me informé mucho leyendo libros sobre metafísica, los cuales me han servido mucho para entender mejor cómo funciona nuestra mente y cómo podemos usarla para que trabaje a nuestro favor.

Dentro de mi desesperación por encontrar una solución a las dificultades que se me presentaron como mamá, también me acerqué a varios libros sobre el poder de **las *palabras***, en los que aprendí a realizar **afirmaciones positivas,** las cuales son **altamente efectivas** solo si sabes realizarlas correctamente, más adelante te mostraré cómo puedes usarlas a tu favor a través de tus superpoderes.

Mi preparación con el ***ho'oponopono*** siguió, ya que leí numerosos libros sobre el tema para aplicarlo, consiguiendo grandiosos resultados.

También me acerqué al **yoga,** en el cual no solo encontré la paz mental y emocional que buscaba, sino que también encontré la fuerza que necesitaba.

Por ello, terminé haciéndolo una **forma de vida**, lo que me llevó a certificarme como monitora de yoga infantil, práctica de la cual he podido obtener innumerables beneficios que te compartiré durante los ejercicios.

Todo esto que investigué a lo largo de estos tres primeros años me han hecho aprender mucho, pero nada hubiera sido eficaz sin ponerlo en práctica, eso hizo que de verdad el cambio se produjera en mí de manera asombrosa.

Ahora disfruto plenamente de mi vida y de una crianza feliz y placentera.

> Mis resultados hablan por sí solos, tengo una familia unida, feliz, relaciones extraordinarias, me dedico a algo que amo y me gusta.

Permíteme acompañarte en esta experiencia que si bien es **muy dura,** también es muy **gratificante** y nos vuelve, si así lo decides, más **poderosas.**
¡Tú decides!
Te invito a **aprender** de mi experiencia y exhausta investigación que he realizado durante tres años.

En este manual analizaremos juntas la experiencia de cinco mamás que participaron de manera voluntaria, compartiendo sus historias, explicándonos desde ese baúl de los recuerdos su historia maternal, esa que no le habían contado a nadie hasta ahora.

Aquí han abierto su corazón de mamá con la finalidad de ayudarte a ti, que hoy te has dado la oportunidad de leer este libro.

Analizaremos las principales dificultades que se encontraron, así como la manera en la cual se enfrentaron a ellas.

Posteriormente yo te daré, como toque final y como regalo, las técnicas altamente efectivas que a mí me funcionaron y que tienen **resultados extraordinarios.**

Toma **apuntes**, realiza los **ejercicios** y conviértete en toda una **supermamá**, siguiendo tan solo unos sencillos pasos.

Puedes dejar de leer este libro si así lo deseas, como toda una gran **sabelotodo,** y puedes enterarte por ensayo-error de lo que estoy hablando, pero ten en cuenta que los errores como madres pueden pagarse **muy caro.**

"El único conocimiento verdadero es saber que no sabes nada".

Sócrates.

Dentro de mi propósito de vida está la misión de preparar a todas las nuevas generaciones de madres, para que puedan enfrentarse debidamente en este sendero de la maternidad.

El camino está lleno de **rosas muy espinosas** y, si no llevas **la protección** adecuada, lo más probable es que te espines.

¡Tú decides!

"Pregúntate si lo que estás haciendo hoy te lleva a donde quieres estar mañana".

Walt Disney.

PRÓLOGO DE DEBBI DIMAGGIO

"Soy madre de dos hermosos hijos, actualmente tienen 24 y 27 años de edad, todavía recuerdo los primeros días cuando Chase y Bianca llegaron a mi vida.

No tenía ni idea de cómo cuidar a mis bebes, mantenerlos alimentados hidratados y con vida.

En realidad no existe un manual; solo sucede, solo lo haces, te las inventas; aprendes y te dejas guiar por tu corazón e instintos.

De verdad que una mamá tiene super poderes. De repente te conviertes en una leonesa protectora agresivamente protegiendo a tus cachorros, es exactamente así.

Diany Peñaloza en su libro "Los Súper Poderes de Mamá", te explica con lujo de detalle, una técnica super poderosa, una guía para ayudarte como madre.

Como una persona altamente visual, se me hizo fácil ver en sus enseñanzas como los colores: verdes, rosado y azul se relacionan y apoyan para crecer a un hijo.

Definitivamente recomiendo este libro a cualquier mujer a punto de ser madre."

Debbi DiMaggio

DIANY PEÑALOZA

Autora de Belleza a cualquier edad, El arte de los bienes raíces, ¡Reglas de bienes raíces!

Agente de bienes raíces, filántropo y mamá.

CAPITULO 1

LA AGRIDULCE ESPERA

Seguramente el título de este capítulo pueda confundirte un poco, primero quiero dejarte claro que no es mi intención hacerte pensar que el embarazo no es dulce.

Es solo que tampoco es tan empalagoso como se piensa.

En el embarazo tienes más bien un sabor más **agridulce**, si eres europea y no estás muy familiarizada a este sabor, puede ser que el sabor no lo tengas tan presente como lo haríamos los que sí estamos familiarizados y gozamos de esa mezcla de sabores tan especial y única.

Pues bien, el embarazo tiene esta particularidad, estará lleno de momentos tiernos, dulces y hasta mágicos, pero también comporta una serie de cambios físicos, mentales y emocionales, que ya no marcharán y que harán que tus emociones afloren descontroladamente.

Es por ello que te daré algunas técnicas para que puedas disfrutar de esta montaña rusa con plena seguridad y certeza de que todo es perfecto.

Al inicio de tu **agridulce espera,** muy probablemente te encontrarás o te encontraste con comentarios del tipo: "¿Estás embarazada? ¡Felicidades! ¡Muchas felicidades! ¡Enhorabuena!".

Estas son las frases que te suelen decir tus **amigos y familiares**, que intentan hacerte saber que se alegran por ti.

La realidad es que todos o casi todos los que son padres se guardan los verdaderos pensamientos. Y es que ven venir que se les viene como pareja encima una gran responsabilidad, o si eres mamá soltera, pues saben que no lo tendrás nada fácil.

¿Y por qué no te lo dicen? Algunos muy probablemente por prudencia, y muchos otros pues porque realmente no les pasó por la cabeza pensar que puedas llegar a necesitar un consejo.

Lo que se usa es decir "Felicidades" y ya está. ¿Quiénes son ellos para cambiar ahora la tradición?

Las personas repetimos patrones, seguramente has escuchado esa frase de **"De generación en generación"**, pues bien, las madres de tu familia iniciaron la aventura de ser madres sin un manual como este, y muchas de ellas ni siquiera pudieron ver nada sobre el tema como lo hace la mayoría de las mamis de nuestra actualidad, las cuales como mínimo han visto un meme alertador en Facebook.

Quizás alguna amiga despistada te agregó: "Uy, la que te espera", "Ahora sabrás lo que es bueno".

Pero tú muy probablemente te enfadaste y llegaste a pensar: "Mi amiga solo me desea que lo pase mal como ella lo pasó, pero **a mí no me pasará**".

Sin embargo, la realidad es que **sí te puede pasar**, realmente también necesitamos escuchar esos **consejos incómodos** que a la larga nos harán la maternidad mucho más **placentera.**

No es mi intención dar carta libre a que nos hagan críticas de todo lo que se les antoje.

No, para nada, me refiero a que hay cosas que **no** te dijeron por no hacerte sentir mal o no espantarte.

En cambio, hay otras muchas cosas que **sí** te dicen desde el primer día que nació tu hijo/a y que no han parado hasta la actualidad, dependiendo del tiempo que lleves como madre llevarás escuchándolos más tiempo que otras.

Y estos son comentarios inútiles que bien podrían guardarse en un cajón con llave.

Pero hoy estoy aquí escribiendo estas líneas para que puedas tomar conciencia de lo que realmente se te viene y le encontremos una solución.

Hoy en día, tal parece que todo lo que hace la madre es tema de debate**:** dar el pecho o alimentar con biberón, preferir los pañales de tela o desechables, volver a trabajar o quedarse en casa…

Hasta la apariencia de la madre es criticable, con comentarios humillantes sobre cuán rápido *está recuperando su cuerpo*, ¡como si lo hubiera perdido!

Es por eso que decidí tomar cartas en el asunto y revelarte de primera mano esos **secretos ocultos** que encontrarás en el camino.

Por lo cual, he realizado una investigación exhaustiva reuniendo datos científicos y **testimonios de mamás** con hijos de **diferentes edades** y en diferentes situaciones, para de esta forma **detectar** los **principales villanos** (metafóricamente hablando) que nos vamos encontrando en el camino.

Reuní las suficientes **fórmulas o estrategias** para combatirlos de manera eficiente, de todo lo antes mencionado, así como también te voy compartiendo un poco de mi propia experiencia, ya que en la actualidad disfruto de una crianza feliz y quiero revelarte esos secretos que la hacen especial.

Esto es lo que marca la **gran diferencia** entre este manual y cualquier otro.

Ya que hay que tener conciencia de que ser madre es un aprendizaje continuo.

Una vez tengas el dominio de una etapa quiere decir que pronto iniciarás una **totalmente diferente** y, si no estás debidamente informada, esto puede terminar en un **verdadero infierno.**

En este libro te revelaré **claves** para detectar esos **superpoderes** que aparecen cuando te conviertes en mamá, pero también te guiaré para que sepas **activarlos** en los momentos donde realmente hacen falta.

Con este libro mi intención es guiarte, comprenderte y ayudarte a **solucionar** los problemas que solo las mamás percibimos.

Esos que no existe manera de que los vea nadie más que **tú.**

Te ayudaré en cada una de estas diferentes etapas, date cuenta de que **no estás sola.**

El poder está en tu interior, somos creadores de nuestra realidad.

ABRIENDO EL BAÚL DE LOS RECUERDOS

Tal como te comenté anteriormente, para la creación de este manual he tenido la gran dicha de contar con diferentes testimonios de mamás, de diferentes perfiles y nacionalidades, tanto de Europa como de Latinoamérica.

Entre todas mis participantes, he escogido **seis perfiles** de mamás con características muy diferentes entre ellas, con la intención de simplificarte el contenido y, al mismo tiempo, se toquen diferentes cosas.

Conozcamos a nuestras participantes.

Primero iniciaremos:

1. Nuestra primera participante se llama **Rosa,** ella tiene treinta y cinco años, madre de una niña de cuatro años y un niño de seis años.

   Estado civil: casada, un matrimonio estable y duradero.

2. También está **Claudia,** de cuarenta y dos años, madre de un hijo de cuatro años de edad.

   Estado civil: soltera (separada del padre de su hijo).

3. Otra participante es **Elena,** de treinta y tres años, madre de una niña de un año.

   Estado civil: casada un matrimonio reciente que está viéndose afectado por la maternidad.

4. Seguimos con **Paula,** de cuarenta y cinco años, madre de una señorita de veintiocho años.

   Estado civil: divorciada del padre de su hija y dentro de una relación de pareja extraordinaria en la actualidad.

5. Está **Ana María,** de cuarenta años con tres hijos de diferentes padres.

   Es madre de dos varones, un joven de veintidós años, otro de quince años y una nena de seis años.

   Estado civil: casada con el padre de su hija más pequeña, está dentro de un matrimonio estable y que se apoyan mucho mutuamente.

6. Y finalmente **Angie,** de treinta y cinco años y madre de una niña de tres años.

   Estado civil casada: dentro de un matrimonio de muchos años establecido.

Para mí es importante que sepas un poco la situación de pareja que están atravesando nuestras mamás participantes como testimonios de este libro, ya que, de esta manera, podrás entender en gran parte sus respuestas.

A cada una de ellas les he realizado una entrevista, en la cual me han confiado sus más grandes miedos y dificultades en el inicio de la maternidad, y también cuáles fueron las formas que cada una de ellas aplicaron para afrontarlas.

A lo largo del libro iremos analizando sus diferentes historias, así como compartiré finalmente técnicas **altamente efectivas** para cada caso en concreto.

Sin embargo, será importante que prestes gran atención a cada una de sus maneras de enfrentarlas, ya que podrás ver que, a pesar de que no fueran conscientes de sus poderes, sí los tenían y eso les permitió ganar esas batallas.

Dentro de sus diferentes historias podrás **valorar** tu propia experiencia, ya que muchas veces, sin darnos cuenta, caemos en el **rol de mamá víctima,** en el cual creemos que somos las **únicas mamás en el mundo que lo pasamos mal,** sin embargo, que el hijo de la vecina duerma doce horas diarias y el tuyo no, no quiere decir que eres una desgraciada.

Por algo todas las personas somos únicas e irrepetibles, y se ve desde pequeños.

No debes sentirte frustrada porque te haya tocado algo diferente a otra mamá, créeme que, por muy fácil que parezca, la crianza de otra madre ¡no lo es!

Pero, además, no debes subestimar lo que viva otra mamá, todas a nuestra manera hacemos un gran esfuerzo, sin embargo, unas logramos disfrutarlo y otras no. Y eso es lo que te ayudaré a conseguir con este manual.

La diferencia, entre las que entran en **rol de mamá víctima** y las que no, es que las primeras se dedican a ver todo **lo malo que les ha pasado** y que no han podido evitar o solucionar, y las otras se enfocan en lo que quieren que les pase y en lo que necesitan hacer para lograrlo.

"En lo que piensas, te conviertes, lo que sientes, lo atraes y lo que imaginas, lo creas".

Buda.

Sin embargo, si estás aquí es porque tú ya has decidido que quieres ser **una mamá superpoderosa** y estás dando un primer paso para marcar una diferencia. **¡Felicidades!**

MIEDOS DURANTE EL EMBARAZO

¿Cuáles serán mis síntomas?

Lamento decepcionarte si lo que pensabas encontrar en este libro es qué síntomas exactos presentarás durante tu embarazo.

Pero estoy segura de que, si te has comprado este libro, es porque no es el primer contacto que tienes en busca de información sobre ello.

Realmente esto no se podrá saber a ciencia cierta, ya que cada cuerpo reaccionará de forma distinta, así que ni siquiera te puedo asegurar que vayas a tener un solo mareo. No lo podemos saber.

Lo ideal es que no le des muchas vueltas a qué tipo de síntomas podrías tener, y te relajes y disfrutes observando los diferentes cambios en tu cuerpo. Escúchalo atentamente, tu cuerpo es sabio y él solo trabaja para prepararte para este proceso espectacular.

Miedo al parto.

A medida que se acerca el momento del parto, algunas mujeres suelen iniciar un miedo al **dolor del parto**. Si este es tu caso, no te preocupes, es normal.

Es parte del miedo a lo **desconocido.**

La mayoría de los seres humanos, en nuestra actual sociedad, tendemos a **crear historias** basadas en construcciones mentales de amenazas que no son reales.

La mayor parte de nuestros **miedos** y cosas que preocupan no suelen pasar. Y estamos sufriendo anticipadamente por algo que quizá no sucede.

El miedo al parto y al dolor es algo normal en todas las embarazadas, sin embargo, todas conseguimos soportar el dolor, piensa en las mujeres que tienen varios hijos, si son capaces de repetir, no puede ser tan malo.

El cuerpo de la mujer es perfectamente capaz de tener un hijo sin problemas.

Aplica el sentido común.

Tal como te dije antes, no estoy escribiendo este libro para decirte lo mismo que te puede decir tu mejor amiga.

Yo quiero hablarte de la realidad y de **lo fuerte** que debes empezar a ser **ya.**

CAPITULO 2

PODER VERDE, SANADOR Y PROTECTOR

Pues bien, ha llegado el momento de presentarte oficialmente a tu poder verde.

El poder verde es tu capacidad de autosanación como ser humano de este planeta tierra. Lo has escuchado bien, no necesitas ser un extraterrestre para poder autocurarte o sanarte.

Nuestro creador, o como sea que entiendas tú que hemos llegamos a este mundo, nos ha dotado con una mente repleta de capacidades y poderes extraordinarios.

Pasa que con el tiempo lo hemos ido olvidando y nos hemos creído las mil historias que nos han enseñado al largo de los años.

En los cuales nos han dicho que las mujeres debemos sufrir para ser madres, ¿recuerdas aquella historia bíblica de Adán y Eva?

Aquella en la cual se nos cuenta que Dios se molestó mucho con Eva por haber inducido a Adán a comer del fruto prohibido y que, por consiguiente, ella y todas las mujeres a partir de ese momento sufrían el dolor de la regla y el parto de los hijos.

¿Qué pasaría si te dijera que podrías tener un parto realmente sin dolor?

Que es mentira que Dios nos ha castigado a las mujeres, que la realidad es que nos ha escogido para bendecirnos, otorgándonos un poder increíblemente maravilloso que es el poder dar vida.

Y que seas religiosa o no, Él no desea que sufras, tan es así que te dotó de una mente extraordinaria, la cual te obedece y tiene un poder grandioso.

Imagínate la grandeza que puede suponer para ti en estos momentos de tu vida utilizarlo.

No solo estarás obteniendo tú estos beneficios, sino que podrás marcar desde ahora la vida de tu hijo/a, ordenando desde ahora que tenga un nacimiento sano, pleno, y una vida feliz.

Cuántas madres ahora mismo darían lo que fuera por haber podido tener esta información a tiempo.

Cuántas madres han sido víctimas de la falta de información.

Te contaré una historia.

El vigilante.

Había una vez un señor ya mayor que trabajaba haciendo la vigilancia en un centro escolar.

El director de la escuela lo contrató con la intención de ayudar a su familia, ya que sus hijos acudían a este centro.

Él no sabía leer, por lo cual trabajaba solo vigilando por las noches esa escuela.

Usualmente estaba siempre por los patios vigilando, sin embargo, cuando empezaba a aclarar el día, le gustaba terminar su turno fumando un cigarrillo en la oficina del director.

Se encerraba con llave para no ser interrumpido.

Una noche, mientras sentado fumaba un cigarrillo en la oficina del director y posaba sus pies sobre el escritorio, pensaba sobre lo largas que serían las horas para poder llegar a su casa y descansar ese día, el sueño lo venció y se quedó dormido.

Con tan mala suerte que el cigarrillo, aún encendido, cayó dentro de la papelera que tenía al lado: el fuego creció rápidamente al grado que, afortunadamente, el vigilante despertó a tiempo.

Corrió rápidamente a buscar el extintor que estaba colocado dentro de la oficina de dirección, junto con las instrucciones de cómo usarlo. Pero el vigilante nunca fue capaz de usarlo, al no saber leer las instrucciones claras y precisas que tenía, no las pudo entender.

El resultado fue que, a partir de ese día, ese centro tuvo un nuevo vigilante, ya que desgraciadamente el vigilante de nuestra historia perdió la vida.

Entonces yo te pregunto, querida lectora:

> **¿Qué es más peligroso en esta vida: el fuego o la ignorancia?**

Creo que ya lo tienes claro, pues para eso estoy yo aquí, para darte esta información, pero es de vital importancia que la lleves acabo.

Pues bien, voy a revelarte una técnica que no es nueva porque ha sido utilizada ya durante mucho tiempo.

Es mucho más común de lo que la gente cree, este poder es tan antiguo como la humanidad.

Los primeros chamanes ya lo utilizaban hace muchos miles de años. Los médicos del Antiguo Egipto la usaban para realizar complicadas operaciones quirúrgicas que rivalizaban en complejidad con las de hoy en día (tal y como se puede leer en **El libro de los muertos, es decir, la biblia egipcia).**

Los faquires, los yoguis, los lamas, algunos maestros de artes marciales y los monjes budistas adquieren esta estrategia mental como parte de su entrenamiento.

De hecho, hay muchas más personas con esta estrategia mental de lo que la gente cree.

Y no estoy hablando de la tan famosa y temida epidural, te estoy hablando de una técnica que ha revolucionado realmente la manera de traer hijos al mundo y que, a pesar de su **alta efectividad,** se conoce hasta el momento muy poco sobre ella.

¿Sabías que nuestro cuerpo fabrica sustancias más potentes que cualquier producto anestésico?

Al margen de que fisiológicamente todos y cada uno de nosotros podamos resolver estos temas de esta forma tan impresionante, te recomiendo pensar un poco y darte cuenta de que estamos hablando de ti, un ser muy superior a lo que nunca hayas imaginado y de lo que muy poco sabes.

Intenta dejar de lado por un momento esas creencias limitantes que te han ido incorporando a lo largo de tu vida, en las cuales te han enseñado a depender de cosas externas a tu cuerpo para sanarlo.

Ya que tú llevas en el interior un gran potencial completamente a tu servicio y disposición para que hagas uso de ello cuándo y cómo quieras.

Ni eres el cuerpo que ves reflejado en el espejo, ni el resultado de lo que te han venido contando. Eres **mucho** más de lo que imaginas.

PARTO SIN DOLOR

La información que a continuación te compartiré tan solo es una muestra de nuestro gran poder creador y cómo puedes crear el parto de tus sueños sí así lo deseas.

Te voy hablar sobre una técnica de parto en la cual tan solo se necesita eso, saber dominar a la mente, sin embargo, no es con intención de que el día que sea el tuyo recurras a lo que te muestro en las siguientes líneas.

Mi verdadera intención es la de que te des cuenta que si esto que te voy contar existe y es posible, entonces entrenando tu mente puedes llegar a ese día mucho más tranquila y disfrutes mucho más de ese mágico momento estando muy fuerte.

¿Sabes lo que es la anestesia psicológica?

Existen muchos partos llevados a cabo con este tipo de anestesia evitando así el uso de las anestesias químicas.

Pero además logrando beneficios **mayores**.

Por resumirlo de alguna manera es una forma de anestesiar nuestro cuerpo únicamente dándole **órdenes a nuestra mente**.

Es decir auto curación, ¿impresionante verdad?

Sin embargo todos tenemos está gran capacidad y tu querida mamá no eres la excepción.

Gracias a la **anestesia psicológica** ya no tendrás jamás miedo al dolor, ni tampoco tendrás que sufrirlo, porque con ella tendrás el poder de hacerlo desaparecer con solo un pensamiento.

Y, aún más importante, poseer esta estrategia mental te hará darte cuenta de "forma práctica" de los poderes de tu mente y, por tanto, una gran tranquilidad y fe en ti mismo.

Veamos en que consiste la técnica.

Tú puedes practicarlo para disminuir el dolor en el día de tu parto, o bien en cualquier otra situación que te produzca dolor o angustia.

Recuerda que la base del éxito no será que solamente conozcas lo que lo hará efectivo será que lo lleves a la práctica que realmente te posiciones como lo que eres la que manda en tu cuerpo ¡eres tú!

Tú tienes el poder de dar órdenes a tu cuerpo e indicarle lo que debe hacer no ella a ti.

Pues bien a continuación te comparto los pasos a seguir para lograr una anestesia psicológica.

Recuerda que no es mágica debes de hacer que pase.

Practícala y usa tu poder azul con toda su fuerza.

Tu mente no te domina, tú dominas tu mente.

A continuación te compartiré un ejercicio para que puedas practicarlo en casa y que te puede hacer realmente esta experiencia inolvidable

El ejercicio que te presento está basado en la **Neositerapia** de la cual es creador el cirujano **Ángel Escudero** el cual lleva más de **40 años operando sin anestesia química** utilizando todo lo que te expliqué anteriormente.

Yo te compartiré solamente un ejercicio complementario solamente para que seas consiente de este poder verde tuyo sanador.

Y te invito a que investigues más sobre la **Neositerapia** pues puede llegar a ser para ti algo realmente único.

EJERCICIO

Dando órdenes a mi mente

'Mi boca se llena de saliva'. Este es el primer programa para tu cerebro, tener saliva en la boca. Según el **Dr. Escudero**, vivir con la boca húmeda hace que tengamos la mente y el cuerpo tranquilo y la respiración más pausada.

¿Cómo tienes la boca en situaciones de estrés? Seca verdad.

> **Cada palabra es un pensamiento**. Y cada pensamiento programa el cerebro. Creer en esto es fundamental para cuidar el lenguaje oral.

El poder del pensamiento. Tu cerebro es un ordenador que puedes programar.

A partir de ahora juega a observar qué te estás diciendo

¿Es positivo o negativo?

Con esa práctica comienza a dejar de usar el 'no' o las palabras con tintes negativos.

Encamínate a un parto en positivo.

Para programar tu cerebro es fundamental establecer órdenes sencillas, que estén en presente y que sean positivas. Veamos afirmaciones positivas para un parto:

> **«Con cada contracción dilato más fácil y rápido»**
>
> **«Con cada contracción mi bebé está más bajo»**
>
> **«Las ganas de empujar me relajan»**
>
> **«Con cada contracción me relajo y me abro»**

Evitamos pensamientos formulados en negativo como 'No me duele', donde no solo utilizamos el 'no', sino la palabra 'dolor'.

Parece todo un trabajo pero ¿no crees que merezca la pena experimentar la llegada de tu hijo/a en total armonía y calma?

ALGUNAS RECOMENDACIONES

Recuerda llevar tus visitas a la matrona y al ginecólogo, junto con las ecografías y el resto de pruebas exploratorias tal como se te va indicando. Si vas colaborando con ellos verás que tus miedos y preocupaciones se reducen.

Realiza una vida saludable, come de manera equilibrada y sobre todo recuerda beber mucha agua.

Haz ejercicio regularmente y descansa cuando el cuerpo lo necesita, recuerda que una vez tu bebé este en tus brazos iniciarás una aventura en la que el dormir pasará a segundo o tercer plano.

¡Así que descansa!

Si sentimos ansiedad durante el embarazo, nuestros músculos se tensan, el ritmo cardiaco se acelera y puede resentirse nuestra salud y la del bebé.

Es por ello que es importante que te prepares física y mentalmente.

Como ya he comentado antes en mi caso me sirvió mucho el Yoga para embarazadas, por lo cual si aún estás embarazada y te notas con miedos o con algún malestar físico te recomendaría acudir a estas clases siempre y cuando obviamente tu doctor te lo autorice.

Si no puedes permitirte acudir alguna clase de embarazadas te propongo que practiques técnicas de relajación

Aprender a relajarse es también una buena preparación al parto, ya que la relajación podrá ayudarnos a afrontar las sensaciones físicas durante el parto, así como a estar mentalmente tranquila.

Embarazada y relajada

EJERCICIO

A continuación te dejo una técnica que es rápida y sencilla lo que debes tener siempre presente es que si no haces nada las cosas no son efectivas solo con leerlas.

Pues bien empezaremos por contraer los músculos de los pies durante unos segundos, y luego los relajamos.

Realizaremos el mismo proceso subiendo por las pantorrillas, los muslos, los glúteos, el estómago, las manos y los brazos, subiendo hacia la cara, **contrayendo y relajando todos los grupos musculares del cuerpo**.

Al llegar a la cara, con los ojos cerrados, podemos fruncir las cejas y relajarlas, abrir la boca y cerrarla, mover las mandíbulas.

Repetiremos todo el ejercicio, pero ahora empezando desde la cara y bajando al resto del cuerpo.

A cada paso hemos de ser completamente conscientes de esa parte del cuerpo que estamos trabajando, centrándonos en ella y dejando la mente en blanco para todo lo demás.

La respiración ha de ser lenta, consciente, rítmica.

Con los ojos cerrados, acompañados de música suave, la experiencia se hace mucho más relajante y placentera.

Al acabar el ejercicio sentiremos el cuerpo relajado.

Es un buen ejercicio para realizar una vez al día, especialmente durante la parte final del embarazo.

"La alegría de una madre comienza cuando una nueva vida se agita en su interior y una patadita juguetona le recuerda que ya no está sola".

Anónimo.

CAPITULO 3

FELICIDADES, ERES MAMÁ

Pues bien, ha llegado el día, vas a conocer a tu bebé y, de pronto, muchos **miedos** aparecen.

Así es, no importa qué tan fuerte te mostraste durante el embarazo ni el tipo de experiencia, todas experimentan algún tipo de **miedo** al momento de nacer el bebé.

Sin embargo, esto no es bueno, ya que puede ayudar a desencadenar más dificultades.

Analicemos los principales miedos con los que se enfrentaron nuestros testimonios al nacer su bebé.

En mi caso, yo desde siempre he sido una persona que tan solo con ver gotas de sangre, o incluso el ambiente a hospital, se me bajaba la presión.

Si este es tu caso o es similar, debes saber que la práctica del yoga me ayudó mucho a **transformar el miedo en fuerza**.

Los ejercicios de respiración me hicieron tomar consciencia de ella y darme cuenta del beneficio que cada respiración me aportaba.

Y ayudó a que entrara al quirófano con una sonrisa en mi rostro. En mi mente **nunca** pasó un solo pensamiento negativo. Recuerdo haber preguntado al enfermero cuál era la duración de la cesárea.

A lo que me respondió: "Una media hora, más o menos". Y volví a sonreír, calculando ese tiempo para ver a mi princesa.

Y así fue, todo salió de maravilla porque yo no di opción al universo a crear algo que yo no autorizara.

"Ningún idioma puede expresar el poder, belleza y heroísmo del amor de una madre".

Edwin Chapin.

Te he compartido mi experiencia con la intención de que veas que **tomar acción,** antes de enfrentarte a las cosas, **reduce y elimina** considerablemente el riesgo a que las cosas indeseables aparezcan.

A continuación te mostraré diferentes testimonios y las diferentes formas de afrontarlo:

❖ "Mi único miedo al nacer mi primer hijo, y que se repitió al segundo hijo, fue que dejaran de respirar, la muerte de cuna era mi principal miedo, pues antes ya había visto la muerte de cuna o súbita de un bebé de catorce días de nacido".

Rosa.

❖ "Lo principal fue que mi bebé ya no tenía líquido, menos del límite permitido, y no nos habíamos dado cuenta y yo lo único que quería era que la sacaran, mi miedo era que no estuviera bien, que ya no estuviera viva siquiera, sin embargo, la dejé en manos de Dios y todo salió bien.

»Yo estaba mentalmente preparada, sin embargo, creo que me faltó apoyo emocional y eso se notó al final".

Elena.

❖ "Yo no me di cuenta de que estaba embarazada hasta que ya tenía cinco meses de embarazo, a la edad de dieciséis años, cuando mis padres se estaban a punto de divorciar.

»Mi principal miedo era que no sabía qué iba a hacer con una hija. A mí aún me gustaba jugar con *barbies* y tenía dos hermanos más pequeños".

Paula.

❖ "Mi mayor miedo, sobre todo cuando estaban en la barriga, era que tuvieran todos los deditos, no me preguntes por qué, pero era como una obsesión, y luego cuando nacieron, era el miedo a cuando dormían, si respiraban o si sería capaz de escucharlos mientras yo dormía".

Ana María.

❖ "No tuve miedos a la hora del parto, pero días antes sí porque padecí de colestasis hepática, por lo cual, entre más se acercara mi bebé a las cuarenta semanas, más probable era que no sobreviviera".

Angie.

La colestasis del embarazo es una afección que lentifica o impide el flujo normal de bilis a la vesícula biliar. Esto produce comezón e ictericia (color amarillento de la piel, los ojos y las membranas mucosas). Si bien puede manifestarse a principios del embarazo, la colestasis es más común en el último trimestre.

Ahora veamos cuál fue la forma en la cual se enfrentaron a sus miedos.

Toma nota por si alguno lo consideras importante, recuerda que la mejor forma de ser experto en un tema determinado es **haciéndolo.**

Ellas se enfrentaron solas, sin un manual como este y, si bien es cierto lo que puede funcionar para unos, no puede funcionar para otros.

También es cierto que **vibraciones similares vibran juntas.**

Si tú estás ahora mismo leyendo este libro es porque definitivamente la respuesta a tus dudas la encontrarás aquí.

Por eso es importante que vayas apuntando, tanto las formas en las cuales nuestras testimonios enfrentaron sus batallas, como las técnicas que yo te mostraré, **altamente efectivas.**

- "Leí muchos documentos y consulté con el ginecólogo, neonatología y doctores que atendieron mi parto".

  Rosa.

- "Ver tutoriales en internet, una amiga me regaló un libro y con eso la armé, tardé en bañar a mi hijo cuatro días, hasta que cogí valor".

  Claudia.

- "A la hora del parto me sirvió la autohipnosis, yo veía que mi esposo y su familia estaban nerviosos y con miedo. Pero empecé a hacer mis ejercicios de autohipnosis y fue increíble".

  Elena.

- "Con el divorcio de mis padres tuve que empezar a trabajar a los diecisiete años y sacar adelante yo sola a mi familia, no sabía cómo, solo sabía que sí podía".

  Paula.

- "Poco a poco se van quitando los miedos, vas viendo que el instinto que tenemos nos despierta automáticamente al escucharlos".

  Ana María.

Creo de gran importancia señalar el comentario de **Ana María,** ya que ella lo que menciona es a su **poder verde** en todo su esplendor, tal como veremos más adelante, este poder se activa de manera automática al nacer tu bebé.

Ya incluso desde el embarazo podrás ir notando señales de que empieza activarse, cuando te descubras haciéndote analíticas una tras otra, o pruebas que no te darán ningún tipo de miedo porque sabes que es parte de tu naturaleza.

Pues bien, **Ana María** nos deja claro una de las funciones del poder verde y, sorprendentemente, por muy dormida que te encuentres, tú notarás rápidamente si tu bebé necesita de ti.

Y será algo que les acompañará de ahora en adelante.

Veamos qué nos dice **Angie** sobre sus miedos.

❖ "Notaba mucho picor en la piel y sabía que me tenían que repetir unos análisis, no me dio buena espina, pero mi doctor estaba de viaje así que no podía preguntarle, decidí tomar acción e investigué en Google: inmediatamente leí lo de la colestasis y le exigí a otro doctor me atendiera para comprobarlo. A pesar de que mi familia me decía que yo solo miraba en Google para espantarme, eso salvó finalmente la vida de mi hija, pues resultó que sí la estaba padeciendo e inmediatamente se me programó mi cesárea a la semana siguiente".

Angie.

Pues bien, podemos ver cómo cada una buscó alternativas diferentes.

En el caso de **Rosa,** recurrió a ayuda de expertos, ya que sus principales miedos eran sobre la salud del bebé.

En el caso de **Claudia,** que sufrió más por miedo a no **bañar** correctamente a su bebé, vemos que no solo no le aconsejaron en el hospital cómo debe bañar al bebé, cosa que aquí en Cataluña sí hacen.

Sino que ni siquiera era consciente de su **poder verde,** el que la hace ser madre de manera efectiva, ni tampoco del **azul,** el cual analizaremos más tarde.

Su manera de afrontarlo fue mediante información en internet y algún libro.

Sin embargo, la información llegó tarde, lo cual provocó que no se atreviera hasta el cuarto día, cosa que se pudo evitar.

Si estás leyendo este manual, permíteme decirte que el día que te dan de alta en el mismo hospital donde tuviste a tu bebé, te enseñan a bañarlo.

Eso aquí en España se hace así, ahora bien, si me estás leyendo de algún otro país y no lo sabes, infórmate primero.

Si la respuesta es que **no,** pregunta al pediatra o bien como Claudia, en algún libro. ¡Prepárate!

Son detalles que parecen **obvios,** sin embargo, en el momento de llevarlos a la práctica se hacen **todo un mundo.**

Veamos cómo lo enfrentó Elena, ella es una mujer que es consciente de su poder creador y puso en práctica el **poder azul,** el cual nos da **claridad mental.**

Veamos, ¿por qué?

Ella, contra todo pronóstico, se empezó a hacer autohipnosis, es decir, sabía que si ella se cambia a sí misma, cambia el mundo.

Ya lo veremos más detalladamente en el poder rosa también.

Y finalmente analicemos el caso de Paula, al ser tan joven, tan solo diecisiete años cuando su niña vino a este mundo, **activó** su poder **verde, rosa y azul.**

Y **los activó sin siquiera saberlo**, porque no había tanta creencia negativa aún en su programación por su corta edad.

Recordemos que entre más años pasemos recibiendo creencias limitadas, el crecimiento mental se va frenando y acabamos creyendo todas esas limitaciones, y nos pensamos que solo podemos tener o hacer lo que se nos inculcó.

Ella estaba en la edad de la adolescencia, en la cual, llena de sueños aún, se quería comer el mundo, además de que sabemos que esta etapa del ser humano viene acompañada de una fuerte reafirmación de nuestro **yo.** Los adolescentes buscan ser más independientes y no escuchan tanto las limitaciones que los adultos les quieren imponer.

Esto ella lo usó totalmente a su favor, ya que no solo sacó adelante con su trabajo a su hija, sino a su familia entera.

Más adelante analizaremos con más detalle los otros dos poderes y cómo **nuestras creencias** nos pueden sabotear.

DEPRESIÓN POSPARTO

Quiero iniciar primero diciéndote que si tienes alguna sospecha de que puedas estar padeciendo depresión post parto acudas a un psicólogo o psicóloga especializado en temas perinatales, pues la depresión es una enfermedad y como tal debes tratarla.

Si tienes la duda yo te puedo ayudar con mis sesiones privadas en mi web tienes la información, y si descubrimos juntas que es una tristeza pasajera te ayudaré con esta maravillosa técnica de los super poderes pero, si descubrimos en el test que es depresión entonces juntas trabajaremos de la mano de un psicólogo para lograr combatir esta situación con éxito.

Sobre todo debes recordar que no estás sola y que juntas somos más fuertes.

También puedes unirte al grupo de Facebook mamás superpoderosas en el cual podrás compartir con otras madres que al igual que tú puedan estar pasándolo mal. O ver de qué manera ellas lo han solucionado.

Una vez dejando claro esto veamos qué es la depresión post parto.

Durante el posparto, un porcentaje muy elevado de mujeres, entre el 50 y el 80 %, experimentan tristeza, lloros, fatiga, irritabilidad, insomnio, cefaleas, etc.

La mujer realiza una adaptación y un esfuerzo de gran magnitud

Por un lado, se producen numerosas modificaciones en nuestro organismo, que con frecuencia conllevan muchas molestias (estreñimiento, hemorroides, dolores producidos por la episiotomía, molestias y grietas en los pechos, dolor de espalda, etc.), a la vez que cambia la forma de nuestro cuerpo, lo que hace que muchas mujeres se sientan descontentas con su aspecto externo.

Si hace poco que diste a luz y tienes a tu bebé recién nacido en tu cargo no te da tiempo a pensar en cómo te sientes o cómo te ves, cuando pasan unos cuantos días y te enfrentas a tu nueva realidad es cuando viene la **depresión**.

Todos estos cambios a **nivel físico, mental y emocional** son los que hacen que el inicio sea duro sin embargo de ti depende que la historia tenga un principio y un final feliz.

Debes tener en cuenta que en estos casos la depresión distorsiona tu percepción de la realidad y podrás muchas veces encontrarte con dudas sobre si estás siendo una buena madre, o si lo que sientes es correcto o no.

Pero todo tan solo es síntoma de esta enfermedad, por eso es importante no lo tomes a la ligera y te permitas ayudar.

A continuación veremos los sentimientos de nuestras participantes en su post parto sin embargo no todas padecieron en ciencia cierta depresión ya que, algunas comentan recuperarse de una manera muy rápida. Y la depresión post parto suele ser mucho más duradera y afectar más en la vida de la mujer.

Veamos algunos testimonios:

- ❖ *"Lo primero difícil es el postparto en mi caso, fue porque fue parto natural y él bebe era de gran*

tamaño, que me causo problemas para controlar los esfínteres, eso fue totalmente devastador, aunque me duro alrededor de 6 meses y lidiar con eso, de manera privada es una cosa difícil".
Rosa.

❖ "Cuando me miraba al espejo me encontraba horrorosa: mi cintura ancha, el abdomen flácido... y siempre me sentía húmeda. De mis pechos salía leche entre las tomas y tenía sangrado vaginal".
Paula.

❖ "Tengo que confesar que después de mi parto que fue natural no me atrevía a hacer pipi del dolor que me provocaba, intentaba aguantar lo más que podía".
Claudia.

❖ "Sí tuve depresión post-parto debido a que mi madre falleció hace unos años y no pudo estar a mi lado, en un principio yo creí que eso no afectaría sin embargo llegó el momento que necesitaba alguien que me ayudará y no había nadie

»Entonces caí en depresión era muy duro porque mi niña no paraba de lloraren todo el día y llegó un momento en que vi que ya lo estaba pagando con ella con gritos, eso no me gustó y decidí buscar ayuda profesional".
Elena.

❖ *"Me dolía todo el cuerpo en sí y me costaba entender por qué lloraba cada vez"*
Ana María.

❖ *"En mi caso me llevó casi 2 meses recuperarme de la cesárea tardé 5 días en el hospital porque no me recuperé rápido como cuentan otras lo hace".*

"El día que nos íbamos a casa tardé media hora en lograr subir al coche pues la herida me dolía tremendamente pensaba que no lo conseguiría, y por las noches llegaba a gritar de dolor pues lograr sentarme en mi propia cama era un suplicio la herida se estiraba y me dolía mucho"

"Sin embargo agradezco profundamente a la vida la manera en la que sucedió".
Angie.

Recordemos que al universo le gustan las personas **agradecidas** no seremos nosotras las primeras en iniciar este sendero de la maternidad sin **gratitud**.

Pues bien todo esto son innumerables cambios a los cuales deberás adaptarte de manera instantánea pero es que además te vas auto exigir hacerlo lo mejor posible pues quieres ser una **gran mamá**.

Tengo que señalar que lo que comenta **Rosa** sobre sus problemas que padeció de control de esfínteres te debe dejar indiferente.

Personalmente cuando estuve embarazada asistí a un curso de parto respetado junto con mi esposo este curso es internacional y venía preparado nada menos por personas mexicanas lo cual fue para mí muy emotivo ya que soy mexicana y recibir un curso en Cataluña realizado totalmente en México me dejó realmente asombrada.

Incluso la formadora está casada con un mexicano y otros participantes al curso eran otra pareja donde ella era de origen argentino y el mexicano.

Te cuento todo esto porque debes empezar a crear conciencia que basados en la ley de la atracción **vibraciones similares vibran juntas**, por lo cual no te extrañe que tu atmosfera particular también esté llena de cosas a las que tu llames **coincidencias**.

Sin embargo no es más que parte de tu propio poder creador como sucedió en mi caso.

Pues bien en ese curso nos hablaron de evitar la episiotomía e intentar tenerlo de manera lo más natural posible.

Nos comentaron de las consecuencias de control de la orina esto ocasionaba sin embargo nadie comentó ni por asomo que existiera la posibilidad de perder el control fecal.

Por lo cual me he quedado realmente asombrada cuando he leído a nuestra participante **Rosa** ya que considero que esto que nos comparte definitivamente **nunca** lo escucharás de tu mejor amiga.

Así es durante el post parto podrían aparecer dolencias tales como

> Incontinencias urinarias y/o fecales, dispareunias (dolor durante la penetración), prolapsos genitales (caída de órganos),
>
> Diástasis abdominal (cuando se separan las bandas musculares que hay a cada lado de la línea alba, pudiendo provocar en los casos más graves hernias abdominales), dolores pélvicos crónicos, etc.

Pues bien, simplemente quiero creer que es por la falta de información y no por los prejuicios existentes en nuestra sociedad que esto no se previene y trata como es debido.

Veamos un poco más sobre el suelo pélvico.

El suelo pélvico es un conjunto de músculos, ligamentos y fascias que cierran la pelvis en su parte inferior.

Este tiene como objetivos: sostener los órganos dentro de la pelvis (útero, vejiga y recto), mantener la competencia del esfínter uretral y anal (evitar los escapes de orina, gases y/o heces) y juega un papel muy importante en la sexualidad ya que esta musculatura tapiza las paredes vaginales.

Sin embargo como hemos visto Rosa lo ha pasado muy mal al no poder controlar esta situación y tal como ella indica de manera totalmente privada es decir lo guardaba solo para su intimidad.

Supongo que por vergüenza pero ahora ella al compartirlo para ti en este libro te está haciendo **un gran regalo de información**.

Por ello te ayudo a que lo valores y te informes más sobre el tema.

La manera en que Rosa afrontó esta situación.

"Fui a varios doctores generales, y todos me decían que me sometiera a una **operación, para restaurar el piso pélvico** que se había "caído", era bien feo porque todos los doctores generales incluso 2 ginecólogos hombres me dijeron que es "normal", pero una ginecóloga fue la única que me revisó, tenía el ano salido y caído así que a veces no me daba ni cuenta cuando se me salía fue bien penoso para cuando regrese a mi trabajo"

*"Siempre me dijeron que tenía que operarme incluso la ginecóloga me lo dijo como **única opción**, pues en el parto mi primer hijo me desgarro por completo hasta el ano, el peso del bebé cuando llegó al canal del parto consiguieron "aflojar" el piso pélvico, y tuve una reconstrucción"*

"Tenía que usar pañal de adulto y traer también pañalera para mí y una para el bebé, pero conocí a la pediatra de mi hijo y ella me mandó a hacer ejercicios para piso pélvico, me mandó comer mucha proteína para los músculos y dejar las grasas malas y tomar colágeno, bajar de peso, dentro los ejercicios estaban los de kagel, apretar la vagina y ano de espaldas, apretar de rodillas bocabajo apretar, ano y vagina caminando y realmente funcionó, el control

de esfínteres regresó pero no por sí solo como me decían"

Rosa.

El final de su manera de afrontarlo es **fundamental**.

Su bienestar físico no regresó por sí solo. Si analizas bien, ella se propuso recuperar lo que **por derecho le pertenece la salud**.

Y trabajó duro de la mano de especialistas.

Es por ello que debes tener muy claro que lo que a una mamá súper poderosa la distingue es su **capacidad de tomar acción**.

Y bien vemos que el resto de participantes nos explican otro tipo de dolencias similares y algunas incomodidades propias del momento como en la lactancia de la cual ya hablaremos más ampliamente en el libro.

Recuerda sobre todo que mi intención no es sembrar miedo no confundas **información** con el hecho de informarte y prepararte para lo que se pueda presentar.

Lo principal que debes saber es que esta técnica de los 3 súper poderes está creada y pensada para **ayudarte**.

Pero que además es **altamente efectiva**.

¿Sabes por qué?

Porque está pensada para que reconozcas tus poderes interiores y estos ya los tienes dentro de ti.

Solo debes trabajar para saberlos usar a tu favor.

Y sobre todo caminar siempre con **fe certera.**

> **La fe certera será la llave de la puerta en tu sendero hacia una crianza feliz. No lo olvides.**

Pues bien **Rosa** nos acaba de regalar una información venciendo cualquier tipo de vergüenza. Ahora es tu momento de darle al mundo un regalo desde tu gratitud hacia ella y hacia todas las mamás que han aceptado participar de manera voluntaria para darte a manos llenas esta información que te volverá súper poderosa.

Así que hazme un favor y toma una foto a un párrafo de lo que has visto hasta ahora y creas que todas las mamás del mundo deben y **necesitan saber.**

Y compártelo en tus redes con el **#lossuperpoderesmp**

La vida te bendice liberándote de esas consecuencias de la falta de información es tu momento de responderle al mundo con gratitud y humildad.

El universo te lo recompensará regalándote esa crianza feliz que deseas. **Gracias, gracias, gracias**.

CAPITULO 4

EL PODER VERDE SE MAGNIFICA

A continuación te mostraré las señales para detectar el momento en que este poder se potencia de manera automática y cómo usarlo en tu favor.

El poder verde es el único de los tres superpoderes que se **potencia y magnifica de manera instantánea,** sin embargo, es muy importante que lo sepas detectar, ya que de ello dependerá que puedas darle un uso efectivo.

La naturaleza te ha dotado de este poder creador y maravilloso, no seas egoísta y **úsalo.**

Un buen día te ves en un hospital, según como haya sido la llegada de tu bebé puedes sentirte de salud mejor o peor, dependiendo de cómo haya ido todo, sin embargo, en tus brazos ya está tu bebé, un ser maravilloso que ha llegado para darte una gran lección de vida.

De pronto, ahí frente a ti se **potencia** el **poder verde,** el cual es **sanador-protector.**

Hace unos instantes eras una mujer llena de miedos e incertidumbres y, en cuanto te dan a tu bebé en tus brazos, descubres que se engancha a tu pecho e inmediatamente ya estás **produciendo alimento,** y ni tú ni tu bebé han hecho nada que no sea actuar por **instinto** y dejarse llevar.

Te ves a ti misma haciendo algo que hace segundos no sabías ni de qué se trataba.

Pero tú sabes que tu hijo/a necesita alimentarse y lo solucionas automáticamente.

Si tu decisión ha sido la de no darle **lactancia materna,** la cual te respeto, muy probablemente esta magia que te da el superpoder verde no la podrás disfrutar, sin embargo, está ahí y podrás usarla si así lo deseas.

Primera señal: el poder verde está **potenciado.**

Ese momento en que tu bebé se pega a tu pecho y, como gran experto/a en el tema, sabe perfectamente qué hacer y tú también. Juntos descubren maravillados cómo sale leche de ti que le alimenta y te sabes realmente **poderosa.**

De igual manera que si tu decisión fue alimentarlo con biberón, no importará lo cansada o adolorida que estés, lo pondrás de igual manera en tus brazos para alimentarle, ofreciéndole un calor y aroma protector que solo tú le podrás entregar.

Segunda señal: según cómo haya ido tu parto o cesárea, tendrás un tiempo de recuperación diferente.

Probablemente estuvieras agotada (obviando los correspondientes dolores según el caso).

Pero curiosamente esos **dolores** no te detienen como antes lo hacía un simple resfriado.

Esta vez te descubrirás a ti misma **fuerte,** los dolores los sentirás, pero **tu poder verde** los hará pequeños porque tu misión ahora es mantener con vida a tu bebé.

Tu cuerpo se sentirá cansado, pero no descansarás porque el superpoder verde no te lo piensa permitir. Eres mamá y tienes que alimentar a tu bebé cada ciertas horas, sin importar si es de día o de noche.

Cuando llegue la noche será la primera de muchas noches sin poder dormir bien, sin embargo, debes recordar que el poder verde está ya **activado.**

¿DEBO DORMIR OCHO HORAS CADA NOCHE?

A continuación te muestro unos testimonios que después analizaremos.

- ❖ "Con mi hijo sí me afectó bastante, pues él hasta la fecha casi no duerme, de bebé dormía muy poco y requería que estuviera cargándolo o con mucha atención, había noches en las que **solo dormía unas tres a cuatro horas**, y con mi niña, ella dormía **hasta doce horas continuas**".

  Rosa.

❖ "A mí no me costó adaptarme a los nuevos horarios de sueño".
Claudia.

❖ "Dormir, mi hija dormía todo el tiempo, ni lloraba, es más, la llevé al pediatra preocupada para ver por qué no lloraba, pero me dijeron que **era su carácter**, que era tranquila, y así fue hasta ahora".
Paula.

❖ "Me costó mucho, yo era la persona más dormilona de toda mi red de amigos y me costó mucho. Solía ser una persona con **horarios establecidos** y, al no poder cumplirlos por no tener ese apoyo por parte de suegros o mi padre, o alguien en quien me pudiera apoyar, investigué después de muchos meses que el sueño afectaba mucho para poder estar bien mental y emocionalmente, y que incluso algunos desórdenes psicológicos pueden iniciarse por falta de sueño".
Elena.

❖ "En mi caso sufrí durante la noche, no tanto por el sueño que me daba, que he de reconocer que sí estaba agotada, más que nada era el dolor dentro de mi corazón de ver que mi hija no dormía porque tenía cólicos.

»Quería que hubiera algo mágico que la hiciera sentir bien, verla sufrir tanto no lo podía soportar, y me pasé cinco meses, que fue lo que le duraron, cada noche sin excepción con ella en brazos, aguantando el dolor de la cesárea y la espalda, y sufriendo viéndola que no dormía por dolor.

»Muchas veces me cuestioné si de verdad eran cólicos. En esos momentos, cuando descubres ese amor inmenso de madre, no te importa la opinión médica, solo quieres que tu bebé se sienta bien".

Angie.

❖ "Sí cuesta, pero yo tuve la gran suerte de que **a los dos meses me dormían toda la noche**, ya no vuelves a dormir del todo bien porque siempre estás atento a lo que pueda pasar".

Ana María.

Como puedes ver, cada caso es diferente, en el caso de **Rosa,** incluso aunque habla de dos **hermanos**, eso no define el tiempo que cada uno de ellos necesitará para dormir.

Así que vemos cómo su hijo necesitaba más atención de su parte y su hija, por el contrario, era más autónoma en ese sentido.

Por lo cual, podrá haber unos niños de **alta demanda** durante la noche y otros que no, como la hija de **Paula,** la cual era "muy tranquila y dormilona", según las palabras de su madre, al grado de que los pediatras le hicieron ver a **Paula** que era parte de su **carácter** y no había por qué preocuparse.

> He querido transcribir el testimonio original, sin embargo, debo destacar que, en el caso de la hija de Paula, el pediatra seguramente se refiere al **temperamento** y no al carácter.

Este usualmente se tiende a confundir, de hecho, yo antes de estudiar psicología solía hacerlo. A pesar de que no he terminado la carrera aún, he cursado las suficientes asignaturas para tenerlo claro y te lo quiero compartir, veamos un poco la diferencia.

El temperamento está determinado por la **herencia genética**, que influye de forma muy notable en el funcionamiento de los sistemas nervioso y endocrino, es decir, en la influencia relativa de distintos neurotransmisores y hormonas.

Para poderte explicar mejor lo que es el carácter, debo explicarte un poco sobre la personalidad de la persona.

Esta es el conjunto de estas cualidades innatas y biológicas que poseemos con nuestro medio ambiente.

De aquí surge **la personalidad**: un ejemplo, si eres hija de dos grandes nutricionistas, seguramente estarás expuesta todo el tiempo a alimentación sana y tu personalidad, en conjunto con tu temperamento, que, por decir algo, será pues tranquila.

Solo es un ejemplo, pues como resultado tendrás una personalidad tranquila y sana. Y tu carácter será por estas experiencias que lo determinan.

Es decir, una persona que usualmente no tiene conflictos y que es sana porque se alimenta adecuadamente, o bien que siempre va llena de energía.

Solo intento darte una pequeña diferencia entre estos, sin embargo, no es mi intención en este libro volverte una experta en términos de psicología.

Sin embargo, he creído oportuno hacer esta aclaración.

En fin, siguiendo con el tema sobre el temperamento de los bebés, este es uno de los grandes aprendizajes que necesito que interiorices durante la lectura de este libro.

El respetar la individualidad de tu hijo/a será esencial, ya que son únicos, tienen sus propias características, por lo cual, no debes **nunca** esperar a que reaccionen o actúen como lo hacen los demás.

Leer a mis testimonios no te servirá para **copiarles** o para que pienses que te pasará **todo** lo que les ha pasado.

Te servirá para que veas la **diversidad,** para que veas que cada una se encontrará con su propio camino y que, si bien es cierto, hay cosas en las que te puedes identificar, el final solo lo puedes **cambiar tú.**

Serás tú quien decida si el camino te llevará a una crianza feliz o, por el contrario, si te perderás tomando caminos equivocados que solo te lleven a la frustración.

Está en tus manos, querida lectora, no lo olvides.

Ahora veamos el caso de **Claudia,** recordemos que ella directamente niega no haberlo sufrido.

Muy probablemente dentro de sus **patrones de creencias** el sueño resta importancia, sin obviar que el **temperamento** de su bebé también es crucial.

Ya que, como hemos ido observando, te podrás encontrar un bebé más dormilón que otro.

Veamos por ejemplo a **Ana María,** que nos comenta que sus tres hijos, usualmente a los **dos meses como máximo,** ya dormían toda la noche.

O el caso de **Elena**, que argumenta que para ella era desde siempre importante **"cumplir con un horario establecido de sueño".**

Por lo cual, lo más lógico fue que lo pasara peor que alguien que no.

Así pues, vemos que tus horas de sueño durante la noche o el día en cuestión estarán determinadas por las necesidades propias de tu bebé.

En el caso de **Angie,** vemos que el origen de su malestar no viene por el horario de sueño, sino que comenta estar **agotada** por la situación de los cólicos que padeció su niña.

EL CÓLICO DEL LACTANTE.

Es un trastorno típico de los primeros meses de vida que se caracteriza por un llanto intenso y prolongado, sin causa aparente.

Por experiencia propia tengo que decirte que mi hija también los padeció durante varios meses y yo notaba que siempre después de cada toma de leche, a pesar de que era materna, le caía muy pesada y empezaba la crisis.

Por lo cual, acabé confiando, en mi caso, en unas bolitas homeopáticas que venden en la farmacia, siempre después de haberlo consultado con el pediatra, claro está.

Y se las disolvía antes de cada toma, esto le ayudaba a expulsar el aire que le ocasionaba estos fuertes dolores.

Me costó mucho usarlas, ya que no quería darle nada externo a tan corta edad, sin embargo, usé masajes, posturas, y nada le hizo tanto efecto como esto.

Definitivamente, yo soy de la idea de que si puedes evitarle un dolor lo hagas, siempre y cuando, como ya te he comentado, antes lo autorice el pediatra.

Automedicar no es bueno a ninguna edad, por lo cual, evitemos ser imprudentes en este aspecto.

He querido compartir contigo mi experiencia con los cólicos, ya que para que si tú, al igual que **Angie,** sufriste esto, puedas tener una idea de cómo afrontarlo.

Sin embargo, será muy importante que tengas potenciados tus tres poderes, ya lo verás a lo largo del libro.

Porque tal como un pediatra me va explicar muchas veces, los bebés también sienten esta ansiedad, cansancio o hasta depresión que tiene la madre, y será muy importante que tú te encuentres en buen estado.

De lo contrario, ni aunque contrates a la **bruja** más buena del planeta, podrá aliviar esto.

Así pues, será de suma importancia que te hagas a la idea de que, a partir de ahora, tu horario cambiará, por lo cual no tiene caso que sufras o te agobies queriendo seguir llevando los horarios de tu vida anterior, porque eso solo te generará ansiedad.

Y mucho menos te compares con los casos de otras mamás pues, tal como puedes ver, cada una lo vive de manera diferente.

De igual manera, algo que será fundamental que entiendas para que, según el caso que te toque vivir no te afecte, será el de entender tu programación mental del sueño.

Ahora seguramente estarás confundida, sin saber si este es un libro de psicología o para madres primerizas.

Déjame explicarte que, antes que madre, eres un ser humano y como tal debes estar **fuerte** para enfrentarte a las adversidades.

El hecho de mantenerte **fuerte** mentalmente te ayudará a mantenerte fuerte durante todo este proceso.

Por ello, para mí es de vital importancia ayudarte a conocerte y a que te descubras a ti misma.

La aventura de ser madre te brinda la oportunidad de conocer una parte de ti que hasta ahora ignorabas.

Pues bien, una vez dejado claro este punto, vamos a descubrir qué tipo de programación mental del sueño posees.

Somos seres programados ya con un *software* que nos indica todas esas creencias que de niña te enseñaron las personas de **tu entorno,** aquellas que te educaron (padres, abuelos, profesores…).

Te pongo un ejemplo:

Si desde pequeña te han dicho que es **sano** dormir temprano, que el cuerpo necesita descansar como mínimo ocho horas para una correcta reiniciación, cual ordenador lleno de programas que lo hacen moverse más lento; pues lo más seguro es que esas

creencias, si se ven amenazadas ante el cambio de horarios de sueño, no jugarán a tu favor.

Tu mente busca por naturaleza tu protección y te **alertará** de que no estás descansando el tiempo que se te dijo desde **niña** que debías hacerlo, y eso te producirá fallas en el programa, o sea, igual a ¡te estresarás!

Te agobiarás y entrarás en un estado de ansiedad, el cual, según la psicología, es un estado bueno y no malo, como se ha estado manejando últimamente.

Ya que la ansiedad es un **estado de alerta** natural que nos está indicando que estamos alejándonos de nuestra **zona de confort,** es decir, que estamos en zona de **peligro.**

Una vez rectificamos el camino, nuestro cuerpo vuelve nuevamente a sentir paz.

Una vez dejando esto en claro, debes ser consciente de que tu mente puede ser tu mejor o tu peor enemiga. Es por eso que yo estoy aquí, para ayudarte a mejorar esa relación con tu mente, para que ella **juegue a tu favor** en tu camino hacia una crianza feliz.

CAPITULO 5

¿CÓMO POTENCIO MI PODER VERDE?

Como ya te comenté antes, tu poder verde se activa de manera instantánea, es aquel que te ayuda a sanarte y te ayuda a proteger a tu bebé durante toda su vida.

Sin embargo, en su momento yo tuve que potenciar este poder, tomando primero conciencia de él para así poder recibir sus beneficios. Es por ello que te comparto ahora cómo potenciar tu poder verde de manera consciente.

Iniciaremos primero detectando a nuestra mente, en ese momento en el cual nos empieza a hablar de una manera que no nos transmite tranquilidad, sino todo lo contrario, cuando nos indica que debemos sentirnos mal porque todo ella lo ve negro, basada en lo que ella ha ido aceptando como normalidad dentro de la trayectoria de tu vida.

Recuerda que, entre más años tengas, más creencias encontrarás reforzando alguna idea.

Por lo cual una buena estrategia, para esos momentos donde la mente entrará en acción, será la de agradecerle a tu mente tener ese excelente funcionamiento.

DIÁLOGO CON TU MENTE.

"Gracias, mente, por recordarme esta creencia". Se lo agradeces y le avisas: "Ahora mismo tengo el **poder verde** activado, un poder que me llena de energía y, por lo cual, no necesito dormir ocho horas durante la noche".

> Lo importante aquí es que a tu mente le quede claro que eso lo has aprendido de consejos de doctores, que han llegado a esa conclusión porque no **tienen tu poder.**

Si bien es cierto que el sueño, junto con la dieta, el ejercicio y el bienestar emocional, es uno de los pilares de la salud humana.

También lo es el hecho de que **es mentira que las ocho horas de sueño sean necesarias.**

El investigador de la Universidad de California Los Ángeles (UCLA), **Jerry Siegel,** quien investiga la **filogenia del sueño y los mecanismos cerebrales que lo controlan,** hizo una investigación sobre cómo duermen tres sociedades tradicionales humanas, cazadoras-recolectoras: dos en África y una en América Latina.

A pesar de las diferencias genéticas, de historia y de entorno, Siegel comprobó que los tres grupos seguían los mismos patrones de sueño: **dormían de media siete horas,** asegurando que las personas que duermen más de siete horas tienen **menos calidad de vida**.

¿Qué te quiero decir con esto? Pues que todo este tiempo tu cuerpo ha funcionado buscando las tan deseadas ocho horas y, al momento de convertirte en madre y descubrir que es imposible tenerlas, creas este sentimiento de ansiedad de tu mente, que te **exige** cumplir los patrones de tu **programación**.

Es por eso que el **diálogo interno** será muy importante y **eficaz** para ir reacondicionando tu mente a **la mentalidad de mamá superpoderosa**.

"Ni tus peores enemigos pueden hacerte tanto daño como lo hace tu mente".

Buda.

A continuación te daré algunas técnicas para **tomar consciencia** de tu poder verde sanador y protector.

EJERCICIO

Iniciaremos con una meditación.

Esta meditación es especial para ti, una mamá que quiere algo que pueda realizar mientras quizá está en cama, dando pecho, o de pie con la espalda hecha polvo, calmando un cólico a las 3:00 de la madrugada.

Pues bien, mientras estás viviendo ese momento con tu bebé, que además está recibiendo y percibiendo tu estado de ánimo, por lo cual entre más agotada y cansada tú estés, el bebé también se mostrará más inquieto/a y eso no os está ayudando a ninguno de los dos.

La meditación es una herramienta de control mental y desarrollo espiritual, que lejos de sonar como algo imprescindible, solo para personas muy espirituales, empieza a tener cada vez más impacto en nuestra sociedad actual.

Muchas personas confunden mucho el término *meditación* con *relajación*, por ello, déjame dejarte clara la diferencia para que puedas entender mejor lo que realizarás.

MEDITACIÓN Y RELAJACIÓN

La relajación se refiere a la calma de tu cuerpo, y la meditación es la calma en la mente.

Realiza una pequeña meditación exprés para **tomar conciencia de tu poder verde.**

Está meditación la podrás escuchar en el **código QR** que te dejaré, sin embargo, te la dejo escrita, pues al ser una meditación exprés será importante no que la hagas al pie de la letra, sino que recojas la idea principal de la meditación, la memorices si lo prefieres y la apliques en esos momentos en los que tengas una pequeña oportunidad para recargarte del poder verde, sanador y protector.

Meditación exprés: poder verde.

Ponte cómoda y relaja tu cuerpo, ahora cierra los ojos y realiza cinco respiraciones profundas.

Imagina que caminas por un campo verde, el cielo está muy azul y el aire es fresco y revitalizador.

El aire de este campo tan verde, un color verde potente y brillante que te envuelve con cada respiración, sientes cómo la energía de tu cuerpo se recarga y cada parte de tu cuerpo se empieza a activar. Nota cómo recorre cada partícula de tu cuerpo un torrente revitalizador, siente ese cosquilleo.

AHORA REPITE:

 Agradezco estar viva y llena de energía.

 Agradezco estar viva y llena de energía.

 Agradezco estar viva y llena de energía.

Gracias, universo.

Una vez hayas terminado está meditación exprés puedes seguir, incluso puedes pedirle a tu pareja que te sostenga al bebé cinco minutos, a tu madre, a tu tía, en caso de vivir con alguien más, solo para ir y darte esta carga de energía.

Si vives sola, no te preocupes, tu poder verde está contigo ya y, como ves, mientras cargas al bebé o das lactancia materna lo puedes realizar.

Sobre todo, **hazlo, actúa y camina con fe certera.**

"La fe es creer lo que no ves, la recompensa de esta fe es ver lo que crees".

San Agustín.

POTENCIA EL PODER VERDE PRACTICANDO YOGA

Otra forma para tomar consciencia de nuestro poder **verde sanador** es realizando asanas de yoga.

El yoga será tu gran aliado para trabajar la paciencia, la paz interior, para purificarte y conectarte con tu ser, y para poder establecer esta conexión de igual manera con tu divinidad.

Por lo cual, el yoga ayudará a tu cuerpo a esa recuperación física, mental y emocional que necesitas.

Haciendo yoga dedicarás un tiempo para **agradecer** el gran trabajo que tu cuerpo ha estado haciendo con cada parte de tu organismo, en el proceso de crear y albergar la vida.

Un tiempo para conocerte y amarte a ti misma, y sentirte más fuerte y luminosa que nunca.

El yoga permite este reencuentro con la mujer que ha cambiado y se ha transformado en madre, y te conectará, como ya lo dije anteriormente, con tu propia divinidad para sacar este **poder verde** dentro de ti.

Veamos más de los beneficios que, al **activar el poder verde** practicando el yoga, podrás obtener.

Primero que nada, los ejercicios de **respiración y meditación** presentes en la práctica del yoga permiten combatir el agotamiento, así como molestias musculares o de cualquier tipo físico que puedas presentar en tu sendero de la maternidad.

Si tu parto fue natural, te será de gran ayuda para la recuperación del **suelo pélvico,** siempre y cuando el médico ya te lo haya autorizado en caso de que tengas poco tiempo de haber sido madre.

De igual manera, yo te recomiendo que, si decides hacerlo, primero veas a un médico que te autorice si tu cuerpo es apto para esta práctica. Generalmente casi todos somos aptos, ya que el yoga tiene muchas asanas (posturas) altamente beneficiosas para diferentes cuerpos, habilidades, etc.

Cuando tomé mi formación, mis maestras siempre nos decían: "**Los árboles tienen diferentes formas**".

Y esta frase me encanta porque, tanto en mis clases para niños y niñas como en los adultos, jamás intento que todos lo hagan de igual manera. Dejo que cada uno trabaje y explore su cuerpo a su ritmo.

El resultado es fantástico, ya que acabamos descubriendo más de una manera de hacer las posturas y, al final, todos lo hacemos **correctamente**.

Pues bien, una vez sabes que eres apta para hacer este tipo de práctica, te indicaré algunas asanas o posturas sencillas para hacer, tanto al despertar como antes de dormir.

Verás que con ellas notarás la fuerza de tu **poder verde sanador y protector,** y te volverás realmente una supermamá poderosa.

Ahora, querida lectora, es momento de **levantarte de la silla** y que actives tu energía.

El cuerpo humano no está hecho para conservar actitudes inmóviles mantenidas por largo tiempo. Incluso durante el sueño cambia de posición.

Por el contrario, el cuerpo humano está concebido para realizar plegamientos y efectuar sin cesar movimientos de extensión.

Esos movimientos ponen en acción los músculos y las articulaciones, manteniendo así la tonicidad. Pero juegan también otro rol.

Poseemos órganos alojados en cavidades como el tórax y el abdomen. Tenemos una red muy importante de arterias, venas y capilares. Tenemos líquidos como la sangre y la linfa, que bañan nuestros tejidos.

Ahora bien, todos esos órganos tienen necesidad de ser presionados, comprimidos, estirados, movidos.

De otra manera se produce el estancamiento, la inmovilización, la anquilosis, se hace más lento el flujo de sangre, cosa que el corazón deberá compensar.

Las largas permanencias en posición de sentados no pueden reemplazar a los movimientos que ejerce un verdadero masaje orgánico.

Lo que hacen es bloquear la circulación de la sangre, deformar la columna vertebral, aflojar los músculos del vientre y atrofiar los miembros inferiores.

Y ahora que ya sabes que, si no te **mueves,** te **estancas,** con palabras claras: ¡**te oxidas!**

Así que, para que eso no te suceda, voy a regalarte una secuencia de yoga: puedes entrar en el **código QR** y direccionarte cada mañana al despertar para realizarla o, si por lo que sea no puedes hacerlo con el vídeo, te dejo a continuación unas imágenes e instrucciones sencillas de seguir.

¡Disfruta!

Namasté.

EJERCICIO: SALUDO AL SOL

Este ejercicio debes hacerlo por la mañana, así que aquí sí que tienes que demostrar **voluntad,** pero sobre todo disciplina.

No tiene que ser a las 5:00 de la mañana, pero sí debes despertarte obviamente unos quince minutos antes que tu bebé, en caso de que sea muy pequeño, para que no vaya a interrumpir tu práctica.

En caso de que seas mamá de hijos mayores, esto no supondrá un problema.

Pues bien, a continuación realizarás, siguiendo la respiración indicada, esta secuencia de asanas del saludo al sol:

- ❖ Inhalas-exhalas, postura de la montaña.
- ❖ Inhalas, abres pecho.
- ❖ Exhalas, realizas la pinza.
- ❖ Inhalas, pie hacia atrás.
- ❖ Retienes la tabla.

- ❖ Exhalas, bajas.
- ❖ Inhalas, cobra.
- ❖ Exhalas, perro boca abajo.
- ❖ Inhalas, un pie regresa.
- ❖ Exhalas, pinza.
- ❖ Inhalas subiendo, abriendo el pecho.
- ❖ Exhalas, postura de la montaña.

Deberás repetirla tres veces, si no conoces las posturas, puedes guiarte con la imagen de la página siguiente.

Con práctica llegarás a dominarla y los resultados serán **tremendamente notorios.**

Una vez finalizado el saludo al sol, deberás realizar cinco respiraciones profundas y cantar durante dos minutos el mantra.

"Soy feliz, me siento muy bien". Y ahora sí, supermamá, no habrá poder humano e inhumano que pueda contra ti.

Con este ritual debes iniciar **todos los días de tu vida,** no importa que tengas noventa años.

Recuerda que si tu médico lo ha autorizado, no tienes **excusa.**

"Lo único que está entre tu meta y tú es la historia que te sigues contando a ti mismo de por qué no lo puedes lograr".

Jordan Belfort.

SALUDO A LA LUNA (YOGA)

A continuación te dejo otra secuencia para practicar durante la noche. Debes realizarla dos veces antes de dormir.

No olvides saludar a la luna para que te mantenga tu poder verde fuerte durante la noche. Iniciamos:

- Inhala y exhala, postura de la montaña.
- Inhala, postura de la rana.
- Exhala, postura de la momia.
- Exhala, eleva piernas y sujeta las puntas de los pies con las manos.
- Exhala, postura de la momia.

- ❖ Inhala, postura de la rana.
- ❖ Exhala, postura de la montaña y vuelve a inhalar.
- ❖ Exhala, postura de la rana.
- ❖ Inhala desde la postura de la rana, apoya tus dos manos y camina con los pies hacia atrás, quedando en postura de la tabla.
- ❖ Exhala, bajas.
- ❖ Inhalas, postura de la tabla.
- ❖ Exhalas, flexionas una pierna hacia adelante y después la otra postura de la rana.
- ❖ Inhalas, subes, postura de la montaña y exhalas.

Puedes visualizar esta secuencia en vídeo entrando al siguiente código QR, para tu mayor comodidad.

Una vez hayas finalizado la secuencia del saludo a la luna, realiza cinco respiraciones profundas y repite el siguiente mantra.

MANTRA SA TA NA MA

Traducción:

Sa = Infinito, totalidad del cosmos.

Ta = Vida (nacimiento en forma de la infinidad).

Na = Transformación.

Ma = Renacimiento.

SA TA NA MA

SA TA NA MA

SA TA NA MA

Este mantra para el insomnio es un *pach shabad* (significa 'mantra de cinco sonidos'). Esos cinco sonidos ayudan a balancear los hemisferios del cerebro.

El insomnio suele ser causado por un desbalance de las ondas cerebrales o la química dentro del cerebro. **Sa Ta Na Ma** ayuda a regular y calmar tu mente, relajándola y sincronizándola nuevamente.

El mantra por sí mismo se refiere al ciclo de la vida y tiene un gran poder para catalizar el cambio.

Tal como te he comentado al principio, lo ideal es que lo realices **todos los días de tu vida.**

De igual manera, yo **te reto a realizarlos durante tres meses** y, una vez lo hayas hecho, no vas a querer dejarlo nunca.

> No esperes al momento perfecto, coge el momento **y hazlo perfecto.**

Pues, si has llegado hasta aquí, **¡felicidades!**

Eso quiere decir que ya eres toda una **mamá con el poder verde activado** de manera **natural y consciente.**

Date, si así lo deseas, un **premio.** ¿Qué te gusta hacer y hace tiempo que no haces?

Venga, va, hasta ahora has trabajado muy duro, si darte una pequeña recompensa te ayudará, **adelante, hazlo.**

¿Te gusta el chocolate? Pues ¡cómete uno! ¿Qué te gusta? ¿Cantar? ¿Bailar? ¿Ir al cine?

No te sientas **culpable** por darte una pequeña recompensa, **campeona.**

En realidad, ¡todos lo hacen!

¡Y es que los seres humanos funcionamos mejor si obtenemos una recompensa!

Recordemos la forma de aprendizaje de la que hablaba **B. F. Skinner:** el **condicionamiento operante** es una forma de aprender por medio de **recompensas y castigos**.

Pues bien, si tú después de haber trabajado durante este tiempo con el **poder verde** y le asocias cada tres meses esa recompensa, lo harás **motivada.**

> Así que recuerda tener a mano siempre una libreta de tus metas y recompensas de mamá superpoderosa.

En ella **anota ya** tu recompensa, que te darás una vez lo hayas logrado.

Actúa con **fe certera.**

No me cansaré de repetírtelo: no postergues, mañana puede ser **tarde.**

Nuestra mente está tan condicionada por nuestras creencias que muchas veces tiende a **recaer,** es por ello que a continuación te describiré otra técnica basada en **afirmaciones.**

"Cada cosa que pensamos le está dando poder a nuestro futuro".

Louise Hay.

CAPITULO 6

PODER VERDE CON AFIRMACIONES POSITIVAS

Toma las riendas de tu vida ahora y empieza a utilizar tu poder verde para atraer toda la salud y vitalidad que te pertenecen.

En este caso, aprovecha el poder de las **afirmaciones positivas** para enfocarte en tu salud física y mental, y cambiar cualquier estado de imperfección pasajero.

Asegúrate de que, antes de repetir estas poderosas afirmaciones para la salud, tu entorno sea agradable, limpio y tranquilo.

Ejercicio:

> Pues bien, haz **cinco respiraciones profundas** únicamente por la nariz, no hace falta que cierres los ojos, respira y ve percibiendo cómo una luz verde recorre todo tu cuerpo, entra por tus pies y va subiendo en cada respiración.
>
> Nota tus piernas y brazos más fuertes y energéticos, siente cómo el poder verde te envuelve y llena de energía, y repite:
>
> **"Permito a mi cuerpo sentirse lleno de energía y vitalidad".**

Haz esta afirmación cada vez que necesites el **poder verde** en acción.

DESPIERTA TUS SENTIDOS

Puedes **acompañar las afirmaciones oliendo alguna esencia** de mandarina o naranja, que son revitalizadoras, con la finalidad de crear un anclaje.

Hacer un anclaje te ayudará a situarte en un estado emocional en concreto.

Inconscientemente, a menudo estamos expuestos a anclajes, por ejemplo, podemos escuchar una canción y tener un estado emocional determinado porque esa música nos recuerda a alguien o alguna situación. Al escuchar esas notas, nuestras emociones retornan al estado en el que estaban cuando oímos esa canción.

También al oler un perfume o una esencia podemos recordar algo del pasado y entrar en el mismo estado emocional que tuvimos.

Puedes incluso conseguir, si lo deseas, un difusor de esencias naturales, o bien puedes ponerte velas aromáticas. Yo estas últimas siempre las evito, sobre todo si hay niños.

Además de que no es recomendable ponerlas en las habitaciones cerradas.

¿Conoces el experimento de Iván Pávlov?

Los estudios de Pávlov nos han ayudado a comprender el **aprendizaje asociativo** a través del condicionamiento clásico.

El condicionamiento clásico consiste en la asociación de un estímulo, inicialmente neutro, con un estímulo significativo.

El ejemplo que Pávlov utilizó en su experimento fue sonar una campana cada que le servía un plato de carne a su perro.

De forma que llegó el momento en que era igual si el perro veía la carne en su plato: solamente con el hecho de escuchar el estímulo, que inicialmente era neutro, o sea, la campana, el perro empezaba a salivar, saboreándose ese trozo de carne sin siquiera verla porque asociaba inmediatamente el sonido de la campana.

De esta forma, tú puedes **llevar tu esencia siempre a mano** y, si crees necesitarla, únicamente oliéndola te conectará con esas sensaciones de **energía del poder verde.**

Puede que estés dudando en si hacerlo o no, pero dime: ¿tienes tú una idea mejor?

Pues si no es el caso, deja de dudar, que el tiempo no regresa y cualquier tipo de sentimiento **negativo** que tú y tu bebé compartan desde ahora lo recordareis el resto de vuestra crianza.

Actúa con fe certera.

"La fe es dar el primer paso, incluso cuando no ves la escalera completa".

Martin Luther King, Jr.

Una vez ya diste la **orden** a tu mente de hacer uso de un poder que, por derecho divino, te corresponde.

Ahora sí que puedes conocer las técnicas que otras mamás aplican para dormir cuando así lo desean.

1. La primera es **adaptar** tu sueño al sueño del bebé. Esta es muy famosa, la suelen recomendar todos y, sin duda, debes hacerte a la idea de que es lo mejor.

❖ "Lo que me funcionó para descansar fue dormir mientras que mi hijo dormía".
Rosa.

❖ "Pues al principio, cuando el niño dormía, yo también aprovechaba para descansar".
Ana María.

El testimonio de **Rosa** es el más usado y efectivo entre todas las mamás superpoderosas, veamos cómo **Ana María** también hizo lo mismo con resultado.

Otra es **dialogar con tu bebé,** aunque parezca que no entiende, **sí lo hace**. Y realmente te puedes sorprender mucho con los resultados.

Veamos el caso de **Claudia,** recordemos que ella anteriormente nos compartió no haber sufrido por los horarios de sueño.

- ❖ "Mi hijo ha sido desde bebé un niño muy especial, hablaba mucho con él y parece que me entendía, no sufrí para dormir".

    Claudia.

- ❖ "En mi caso pedí ayuda, pero no hubo respuesta por parte de la familia, ni sanguínea ni política. Así que busqué una niñera" (lo explica entre lágrimas).

    Elena.

La solución de **Elena** fue recurrir a una niñera y poder dormir, por lo menos un rato, durante el día.

Todas estas soluciones **son válidas** y, de hecho, a ellas les funcionaron, sin embargo, vemos que en el caso de **Elena** no fue **efectivo del todo.**

¿Sabes por qué?

Porque no supo en su momento escuchar a su poder **verde.**

Y no se trata de juzgarla a ella o a ninguna mamá en este mundo. Se trata de hacerte ver que no tuvo a su alcance, en su momento, la información adecuada.

> Deja de **negar** tus poderes, deja de insistir en que necesitas ocho horas obligadas, porque **no es así.**

Todo esto viene del tipo de mente que tú tengas.

A continuación, analizaremos los dos tipos de mentalidades y veremos sus principales características, esto te servirá para conocerte a ti misma, primero que nada, y después para conocer y comprender mejor a las personas de tu entorno.

CAPITULO 7

¿SOY MAMÁ DE MENTE FIJA O DE MENTE EN CRECIMIENTO?

Existen dos tipos de **mente la fija y la mente en crecimiento**.

Las diferencias no tienen nada que ver con que una sea mejor que la otra.

Las diferencias te las explicaré con la intención de que te conozcas a ti y a tu entorno y de esta manera podrás entenderte mejor.

Las mentes fijas son aquellas personas que están acostumbradas a ser digamos perfectas y el hecho de que algo que ellas reconocen como fracaso les suceda no lo llevan nada bien. Ya que directamente eso es un **fracaso**.

Ejemplo: Una estudiante que usualmente obtiene de nota 10 en física y le ofrecen entrar a un concurso de esta asignatura.

Ella no acepta solo por el hecho de no salir de su estándar al que ya está acostumbrada. Ella de momento es una campeona. Si en caso que perdiera el concurso ya no lo sería y eso le supondría tener **depresión** por que para ella sería ahora una fracasada.

Mientras que una estudiante de mentalidad en crecimiento quizá no es la mejor de la clase sin embargo en épocas de exámenes estudia el doble que sus compañeros con mentalidad fija y esto la hace superarse.

A demás otra característica importante es que en caso que ella suspendiera algún examen también se pondría deprimida solo que no se sentiría fracasada ya que ella sabe que si se vuelve a esforzar puede subir nota.

Pues bien espero que con estos dos ejemplos te hayan quedado claras las dos mentalidades.

En el caso de Elena es una persona que claramente ha estado manejando mayoritaria mente **mentalidad fija** ya que al parecer ella el hecho de no obtener ayuda de los otros le supuso un **fracaso** lo cual le afectó emocionalmente y la llevó a una fuerte depresión.

Ella busca ayuda la niñera sin embargo la manera en la que nos lo cuenta como si no hubiera sido suficiente es por la sensación de fracaso que aún conserva al no recibir la ayuda que esperaba.

Todo esto debido a que su **mentalidad fija** le sigue recordando que lo ideal era recibir la ayuda de las personas que ella quería recibirla y no de donde la ha terminado recibiendo.

Nos faltan más detalles de ella para poderlo asegurar sin embargo el hecho que le haya dolido tanto la falta de ayuda de su entorno deja muy claro que no era una persona que usualmente se las tuviera que arreglar sola por lo cual basados en los tipos de mentalidad esta sería la respuesta.

Y bien si tú te has identificado más con la mentalidad fija no te preocupes porque está demostrado que las personas si queremos podemos **transformarnos** y si tu deseo es ser una mamá súper poderosa que de cada cosa considerada fracaso vea una oportunidad de superarse y lo transformas a tu favor.

Disfrutarás mucho más de la maternidad, porque la maternidad es un constante aprendizaje y en esta vida terrenal los aprendizajes vienen con alguna dificultad que aparentemente no podemos resolver hasta que descubrimos que sí, que sí era posible y entonces esta situación se domina.

Por eso la maternidad, es la más grande escuela que existe en la fas de la tierra pues apenas estarás dominando una cosa cuando necesitarás urgentemente empezar a aprender otra cosa diferente. Por ello, es muy importante que conozcas cómo es tu mente usualmente para que puedas guiarte a ti misma en esta aventura de la maternidad de la mejor manera posible.

Te recuerdo que mi mayor intención con esta trilogía que te he dedicado especialmente, es la de darte las herramientas para que puedas tú misma aprender, crecer y no depender de nada ni nadie.

El día que empiezas a darte cuenta que tienes el poder de transformar tu vida en ti interior es cuando los milagros empezarán a aparecer.

Además te tengo buenas noticias si aún tienes este libro en las manos ya lo estás haciendo. Creme que una vez que sabes identificar estos dos tipos de mentalidad te será muy difícil volver a ser la que eras antes.

CAPITULO 8

SE ABRE EL TELÓN

En medio de todos estos cambios que vivirás, debes ser consciente de que estarás especialmente sensible a cualquier acontecimiento. Por lo cual, muy fácilmente puedes verte de pronto interpretando diferentes roles o papeles, cual actriz de telenovela mexicana.

El problema es que los papeles que te tocará interpretar no tienen nada que ver con el de una mujer objetiva.

Vayamos al grano... Evita caer en el **rol de mamá víctima.**

Este rol tan indeseable es el que muchas mamás tienden en representar de manera automática.

Y es que al empezar a ver cómo todo tu entorno está cambiando, tu ropa, tu comida, tus amistades, tus actividades, la gente de tu alrededor, que era de una manera antes, pero ahora actúa más viendo por el bebé que por ti; las mamás tendemos a iniciar comparaciones con otras y generalmente siempre tendemos a salir desfavorecidas.

Que si la hija de la comadre no tuvo cólicos, que si el hijo de la vecina solo dormía...

En resumen, deja la tendencia a pensar que eres desgraciada, que eres el objetivo favorito del infortunio y que los demás son malos contigo y solo quieren hacerte daño, cuando la realidad dice otra cosa distinta.

Puedes estar creyéndolo realmente, debido a una distorsión perceptiva, o puede ser simplemente un ejercicio de simulación.

Tristemente, casi **todas lo hicimos.**

Al convertirnos en madres, necesitamos **tanto** el apoyo de nuestro entorno, pero no solo ayudarte cargándote un momento al bebé, sino palabras reconfortantes, sentir una mano amiga que te dice:

"Te entiendo, te ayudaré, estate tranquila".

Al no recibirlo automáticamente, caemos en el error de interpretar este papel que, además, es que se nos da muy bien.

Y entonces mágicamente todas esas personas de tu entorno son las culpables de todo lo que te sucede.

Y está muy bien que pidas cariño, respeto y comprensión.

Sin embargo, no debes basar tu bienestar en obtenerlo o no.

Y mucho menos otorgar el poder a otros de decidir tu estado de ánimo.

Debes iniciar esta aventura hacia una crianza feliz **consciente** de que deberás trabajar mucho.

Por ello yo te iré mostrando, en el transcurso de este manual, diferentes técnicas para que puedas ayudarte.

Y, créeme, **funciona.**

Tu cuerpo ha cambiado física, mental y emocionalmente, y el cambio es innegable.

A partir de ahora, te descubrirás haciendo cosas que nunca antes habrías imaginado, como dormir durante el día y mantenerte despierta durante la noche.

ROL DE MAMÁ HAMBRIENTA

Antes de adentrarnos en la manera y tiempo que dispondrás a partir de ahora para comer, déjame recomendarte adquirir, si es que no lo tienes ya, el libro **Mamá come sano,** de **Julio Basulto.** En él encontrarás la realidad de la alimentación desde el embarazo y continuando en la lactancia.

A ser posible, desde que te enteres de estar embarazada es muy aconsejable empezar a nutrirte de forma más sana que de costumbre.

Atrás han quedado esos mitos y leyendas de que la mamá debe comer por dos, aumentando de peso bestialmente en el embarazo, lo cual en el parto les puede provocar problemas y, muy probablemente, esos malos hábitos adquiridos te sean muy difíciles de erradicar.

Por ello, evita a toda costa caer en la **trampa** de que mamá come por dos y no te atiborres de alimentos insanos.

Desde que te quedas embarazada hasta el final de tus días como madre, debes mantener una alimentación saludable, ya que de ello dependerá primeramente que en la lactancia le proporciones una leche pura.

Segundo, porque una vez el bebé inicie la alimentación sólida, será de ti de quien más aprenda a alimentarse sanamente.

Al niño/a no le valdrá que tú le des una manzana mientras te atiborras con una bolsa de patatas fritas, él o ella querrá probar lo mismo que mamá.

Recuerda que, tal como **Albert Bandura** señalaba en su teoría social del aprendizaje, los niños aprenden de su entorno social más cercano y también se ven afectados por él, ya que, según Bandura, este tipo de aprendizaje es por **instinto,** por lo cual, tu hijo/a no se detendrá a analizar si tú le has dicho que comer manzana es mucho más sano.

Él o ella **te observará** e instintivamente tendrá unas ganas enormes de hacer **lo mismo que tú, su mamá,** lo mismo que con la mayoría de personas que representan su círculo social.

Es por eso que debes mostrarle una mamá fuerte y superpoderosa.

No dudes ni un solo instante, **lo eres.**

Deja de sentirte pequeña y de dar excusas, son solo eso, **excusas.**

También te recomiendo que adquieras libros de recetas alimentarias de niños desde el nacimiento.

Te recomiendo el de *Nutrición y alimentación saludable para el bebé de 0 a 3 años,* **de Laia Blay Budí.**

A partir de que ellos empiecen a comer sólido, tendrás tantas cosas en la cabeza como para **crearte** de la nada una receta divertida y **sana**.

Por ello, recurrir a libros como este será tu mayor aliado al momento de iniciar la alimentación sólida.

Pero volvamos al tema **central.**

Veamos qué dicen nuestras participantes con su testimonio sobre cómo llevaron la alimentación en sus primeros días.

❖ "Me suponía mucho estrés tener mucha hambre y estar dando de comer a mi bebé, mientras yo no había podido probar bocado".

Claudia.

❖ "Yo solía pensar que a la hora de la cena podría cenar tranquilamente, sin embargo, siempre termino comiendo la cena fría y nunca consigo terminarla toda, pues una vez terminan de comer mis hijos, tengo que estar con ellos".

Rosa.

❖ "Cuando llegaba mi marido, hasta la noche yo estaba hecha un mar de lágrimas sin haber tenido ni qué comer".

Elena.

❖ "En mi caso, mi suegra, que vive muy cerca, me traía la comida cada día desde el embarazo hasta varios meses después de nacida mi hija, lo cual para mí fue una gran ayuda y lo valoro. Y, bueno, mi marido me hacía la cena cada día.

»Sin embargo, para comer ya sabía que muchas veces no podría probar bocado hasta que se pudiera, fue duro, pero todo es cuestión de ser paciente".

Angie.

❖ "Nunca he tenido problema en ese sentido, cuando nacieron mis dos hijos mayores siempre tuve la ayuda de mis padres con la comida y cuidados de los niños.

»Ahora, con la más pequeña, mi marido no estaba trabajando en esa época y era él quien se encargaba de la comida en casa y de ayudarme al llegar. Él es mi gran apoyo y es por ello que hemos durado tanto juntos".

Ana María.

❖ "Yo era muy joven y, como yo tenía que ir a trabajar para ayudar a mi familia, mi madre se encargaba de alimentar a mis hermanos y mi niña.

»Muchas veces yo comía en el trabajo, por lo cual con eso nunca tuve problema, al llegar a casa solo podía disfrutar de mi niña y nada más".

Paula.

Pues bien, el caso de **Claudia, Rosa y Elena** es el mismo que el de la mayoría de las madres que, a pesar de poseer **el poder verde, lo niegan.**

Volvemos al tema de la programación, es decir, **tus creencias,** las cuales llevan junto a ti mucho más años que tu nuevo **poder verde.**

Entonces, tenemos a tu mente que te exige que le des la comida en **horario y cantidad que acostumbraste desde pequeña,** porque eso asegura, según tus creencias, tu supervivencia.

Veamos cómo, en el caso de **Angie,** seguramente no acostumbraría a darle tanta importancia a los horarios de comida, ella sabía que comería y no tenía prisa.

Sabía que, más tarde, más temprano, saldría adelante.

Cabe destacar la importancia que juega la familia, vemos cómo, en el caso de **Ana María y Paula,** el hecho de haber sido madres jóvenes y vivir en casa de los padres de ellas o bien la cercanía de **Angie,** por ejemplo, con su suegra, le facilitó mucho esta situación.

> Por lo cual, si estás en el caso de alguna de ellas, por favor, tómate un momento y da las gracias al universo y bendice a esa o a esas personas que, en este momento de tu vida, te ofrecen esa ayuda.

Como has podido ver, no todas nuestras participantes han podido disfrutar de esta ayuda y eso no las tumbó, sin embargo, sí les ha dificultado más este inicio que debe ser **maravilloso.**

Pues bien, es momento de bendecir y ser bendecida.

Te invito a que hagas una foto al párrafo con el cual, hasta ahora, te has podido sentir identificada.

Compártelo con otras mamás en tus redes sociales usando **#lossuperpoderesmp** y bendice a millones de madres con este mensaje, que te sale desde la gratitud que ahora mismo estés sintiendo.

> Agrega un mensaje de gratitud por esa o por esas personas que están a tu alrededor con las que puedes contar. No importa si están en la distancia, sabes que están ahí y que te **aman.**

¡Bien hecho!

Al universo le gusta **la gratitud** y ahora mismo estás creando una expansión de agradecimiento que recibirás de vuelta con una lluvia de bendiciones.

Nadie escapa de **la ley de causa y efecto.**

El universo es un sistema perfecto gobernado por **leyes universales e inquebrantables,** ellas rigen su funcionamiento.

Ignorar dichas leyes no te libra de estar bajo sus efectos de forma permanente. Por tanto, vale la pena hacer un esfuerzo para conocerlas mínimamente.

Por lo cual, **todo lo que hayas hecho o haces repercute o repercutirá en tu vida.**

CAPITULO 9

CONOCE TUS PRINCIPALES MOTIVACIONES

Y ahora después de este momento tan lleno de luz te invito a conocer a más grandes rasgos como la mente condicionada es la que te sabotea en esos momentos en los cuales quieres cumplir los horarios que le programaste desde niña.

Pero antes quiero presentarte de manera gráfica como tiene un gran papel tu **motivación**.

Para ello he creído interesante incluir en este libro la pirámide de Maslow.

La pirámide es una teoría que organiza jerárquicamente las necesidades y motivaciones.

Está organizada **en 5 niveles** desde **abajo hacia arriba**. Primero se satisfacen las necesidades más básicas para luego ir cambiando a los siguientes tipos de necesidades.

¿Cómo funciona la pirámide?

En realidad la pirámide describe un orden de **prioridades lógicas** de tipos de necesidades.

Primero cubrimos las necesidades más básicas, para poder después satisfacer otras necesidades más avanzadas en la jerarquía de la pirámide de **Maslow**.

Pues bien por qué es importante entender lo que nos motiva?

Será importante que veas la **gran importancia** que tiene para tu correcto funcionamiento el descanso y entenderás mejor la descompensación que puedas llegar a presentar.

Igualmente no debes preocuparte porque posteriormente te enseñaré como cambiar paulatinamente esta programación.

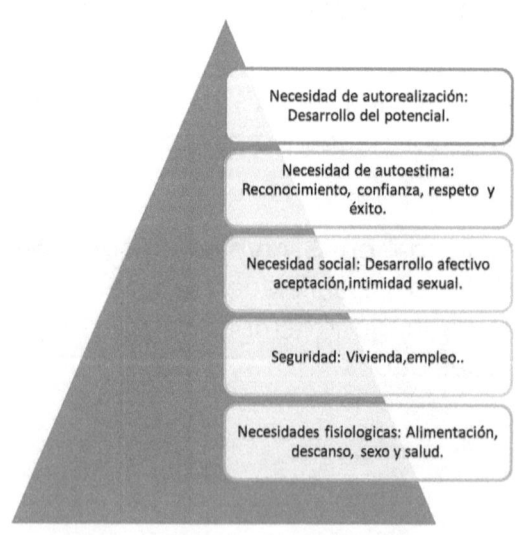

Ahora que ya conoces las principales **motivaciones** del ser humano representadas en la pirámide de Maslow verás cómo lo primero que buscamos es **el descanso y la alimentación**.

Por lo cual, si esta que es la base para lograr subir hasta tu autorrealización no se está cumpliendo, es lógico que tu **mente condicionada** por esta búsqueda de tus principales pilares para mantenerte a salvo.

Se encuentre enviándote un sinfín de señales para que te sientas **incomoda** hasta que le des lo que necesita.

Seguramente tu programación anterior incluye 3 comidas base cada cierta hora, tu mente activará enseguida la **alarma** para hacerte ver que no estás proporcionándole lo necesario para su correcto funcionamiento por lo cual intenta protegerte y entra en acción (dolores de cabeza, ruidos en el estómago, mareos). Todas aquellas señales que tu sistema sensorial interoceptivo te envía y que son interpretadas por tu sistema nervioso central como **"toca alimentarse"**.

Y de hecho es cierto tienes hambre sin embargo debes entender que el hecho de no desayunar cada día a las 8:00 horas, comer a las 13:00rs y cenar entre 20:00 horas. o 21:00 horas es un motivo de pasarlo mal.

Esto me recuerda al último evento intensivo al que acudí con mi mentor, en el cual los horarios son tan intensos que muchos moríamos de hambre y lo expresamos.

Sin embargo él nos hizo ver que todo era producto de nuestra **mente** que no necesitábamos comer sí o sí a una determinada hora.

Y definitivamente no se equivocaba, sorprendentemente viví en carne propia el pasar horas y horas con gran energía sin comer más que alguna almendra.

No pretendo que te mueras de hambre cada día, mi intención es la de que **tú controles la situación** y no la situación te controle a ti.

Recuerda que es importante más que nunca que como madre te mantengas fuerte física pero sobre todo emocionalmente ya que tu bebé, niño o niña, o si es el caso que ya seas madre de un adolescente lo percibirá.

Mamá no me heredes tensión

Hazlo por ti y por toda tu descendencia.

Por ello te pido que si ves que se acerca la hora y incluso vez que miembros de tu familia comen delante de ti pero tu aún no puedes... **Llénate del poder verde.**

Y repite **"Libero a mi cuerpo de estas sensaciones"** Y empieza a notar como tu cerebro recibe la orden y la envía al resto de tu cuerpo.

Nota como **el poder verde despierta y se potencia**.

Te sentirás relajada y sin presión, verás cómo tu mente juega a tu favor.

MAMÁ SUPERPODEROSA Y CREATIVA

Incluso puedes crearte un mantra que juegue a tu favor en ese instante.

"Estoy saciada, me siento bien" O con las palabras que te sientas más identificada! Deja volar tu imaginación.

Coge lápiz y papel y crea con tus propias palabras ese **mantra mágico** y especial que te hará sentir saciada hasta la hora en la que te puedas permitir ir a comer.

Verás que es divertido y no solo te ayudará a **engañar** a tu **MENTE** sino que te creará una sensación de bienestar emocional porque habrás sido **tú por ti misma** la que habrá controlado la situación.

Tu autoestima se verá favorecido y con ello tu estado de ánimo.

> Otro consejo básico es tener siempre en tu despensa **frutos secos y fruta fresca.**

Así pues mientras aún no puedes conseguir el momento para comer el picar una almendra, avellana o comer un plátano te aportará energía.

Recuerda evitar tener comida basura a la mano o será está a la que recurras con gran fervor provocando así **mayor** estrés ya que subir de peso no ayudará mucho que digamos a mejorar tu estado de ánimo, además que según que comida podría provocarte malestar y empeorar la situación.

Por eso te vuelvo a insistir tengas en tu estantería de libros o en tu mesita de noche un buen libro sobre alimentación.

No hemos nacido sabiéndolo todo, **yo soy la primera sabelonada**. Seamos personas humildes y aprendamos de los expertos, solo así podremos obtener **resultados**.

Muy bien pues una vez activado el poder verde te presento las diferentes estrategias de las mamás que participaron en esta investigación.

Con tu poder activado haz ganado tiempo y tranquilidad ahora es momento de **actuar** como toda una súper poderosa.

CAPITULO 10

INTRODUCCIÓN AL PODER ROSA

El poder rosa es el poder que **activa el amor y la empatía**, veamos primero en qué momentos necesitarás activarlo y, posteriormente, te lo mostraré en todo su esplendor.

"Ohana significa familia y tu familia nunca te abandona".

Lilo y Stich.

Quizás aún recuerdas cuando eras pequeña y tenían esas reuniones familiares en casa de tus abuelos, donde todos disfrutaban de comida casera con ese toque de la abuela, que hace las comidas tan especiales y diferentes.

Seguramente jugabas con tus primos y, si tienes hermanos/as, con ellos también. Quizá alguna vez, cuando te convertiste en mamá, deseaste con todas tus fuerzas formar esa familia ideal, llena de calor familiar, en la cual solo se escucharan risas y se percibiera ese calor familiar.

VIVIERON FELICES Y COMIERON PERDICES

Si eres madre es porque creíste en un momento determinado que habías encontrado el amor con el padre.

Así que encontraste una pareja, que haya terminado en matrimonio o no, y procrearon una vida juntos.

La vida de un ser, al cual tú le deseas lo mejor, seguramente hasta ahora tu situación con tu propia familia, e incluso con la política, era de cordialidad y armonía.

Hasta que de pronto **viviste la realidad,** te convertiste en madre y, con ello, todo tu entorno se cree con el derecho de opinar, llámese la familia propia, política, profesores/as, bueno, hasta los vecinos se sienten con el derecho de opinar en tu crianza.

"Entre los individuos, como entre las naciones, el respeto al derecho ajeno es la paz".

Benito Juárez.

Entonces empiezas a enfrentarte realmente a un juego en el que, o **sobrevives, o mueres.**

Las críticas sobre tu crianza, ¿realmente son constructivas?

Hay un comportamiento que, aun siendo frecuente, me sigue produciendo sorpresa: la **crítica destructiva o negativa**.

Criticar de una forma negativa a otra persona **requiere energía y atención a sus debilidades y errores**, es la misma energía que se necesitaría para realizar justamente la acción contraria: **identificar los valo-**

res de otra persona, mencionar sus aciertos y virtudes o, en todo caso, realizar una **crítica constructiva o positiva**.

Y lo bien que nos vendría a las madres y al mundo entero que las personas hiciéramos el bien sin mirar a quién.

Sin embargo, ¿te has preguntado cuál es el origen verdadero por el que las madres somos una presa fácil para ser criticadas?

De la mayoría de las **teorías** que estudié, he escogido la que creo es más acertada, y a continuación te la muestro.

> Les gusta estar a cargo de la situación en todo momento y se asustan cuando sienten que están perdiendo el control. En estos casos, criticarte les devuelve, al menos en parte, la sensación de control porque así creen que te empequeñecen y que toman las riendas de la situación.

CÍRCULO VICIOSO FAMILIAR

Veamos cómo se inicia este círculo, en el cual pocos son los que se escapan de no participar en la crítica. Ya que, como hemos visto en el recuadro anterior, creen que se les ha otorgado ese derecho.

De pronto te has convertido en madre y resulta que tu mamá empieza a decirte todo lo que deberías hacer y, aunque le expliques mil veces que eso ya es obsoleto, que los tiempos han cambiado, ella **lo tiene claro,** no descansará hasta que sigas su consejo.

Valiéndose de argumentos tales como las millones de veces que ella lo hizo contigo o, si tienes hermanos, con uno de ellos.

Y cuando crees que lo de tu madre lo podrás llevar, al fin y acabo la amas y te dio la vida, resulta que tus suegros, aquellos que hace nada eran un pan de Dios, te empiezan a dar continuamente sus diferentes opiniones sobre lo diferente y alejado a sus patrones de creencias que estás educando a tu hijo/a.

Tú, cansada de todo esto, recurres a tu marido, ese que te ama con locura, pero **¡sorpresa!** Descubres que fue educado por tus suegros y comparte algunas creencias con ellos, pero además tiene criterio propio y le suma otras que son exclusivas de él, que ha ido interiorizando a lo largo de su vida sobre cómo se debe llevar a cabo una educación que, para tu gran suerte, no tiene nada que ver con la que has creado tú.

Por lo cual será difícil que lleguen a acuerdos sobre la educación, y es aquí la raíz de las primeras dificultades que os encontrareis en el camino.

Un estudio realizado por la Encuesta Nacional de Salud Infantil del Hospital C.S. Mott Children, por la Universidad de Michigan, comprobó que **el 60 % de las madres con hijos de cero a cinco años son duramente criticadas por el estilo de crianza que llevan**.

Los resultados te los muestro en la siguiente gráfica.

Críticas

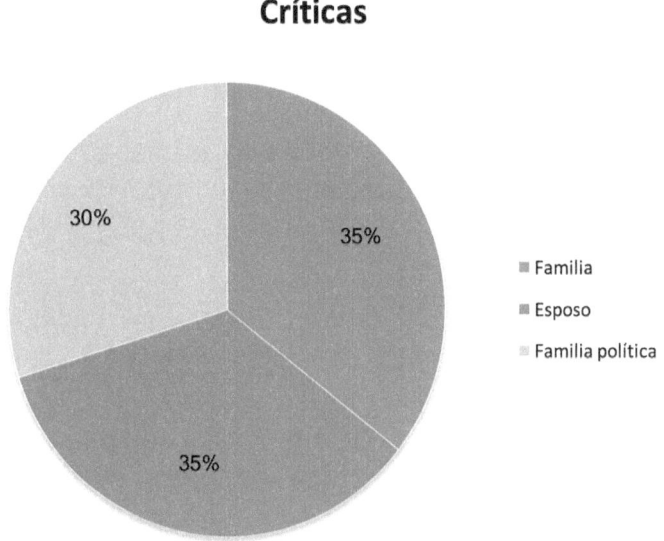

A pesar de que esta última sale como la que menos, el porcentaje es **alto.**

Y, de hecho, según mis testimonios la **mayoría** de críticas, estrés y falta de comprensión vienen de aquí.

La crítica **destructiva o negativa** es un mecanismo de respuesta a pensamientos y emociones que no sabemos manejar adecuadamente. Pero es una respuesta **ineficaz.**

En general, nos deja una sensación de **tristeza y culpabilidad.**

"Los seres humanos son curiosos por averiguar vidas ajenas, y perezosos para corregir la propia".

San Agustín.

Vamos a analizar cada caso de manera separada, ya que en ellos podrás encontrar diferentes situaciones.

DIFICULTADES FAMILIA SANGUÍNEA

Las personas construyen su realidad basada en ellas y el hecho de verla cuestionada lo llevan muy mal, ya que eso supone para ellas correr el peligro de **desestabilizarse.**

MI MAMÁ Y EL TÉ DE MANZANILLA

Si tu madre dice "El té de manzanilla con miel es bueno para los cólicos", porque es lo que se ha usado toda la vida en su pueblo, ¡no habrá **poder humano** que la haga dejar de insistirte en cada episodio de cólicos de tu bebé que se la des!

Da igual los libros y artículos que le muestres en donde está comprobado que la miel antes del año puede causar botulismo, o que la manzanilla puede llegar a causar alergias cuando son tan pequeñitos.

Eso no será válido mientras ella lo haya visto **toda su vida** hacerlo de esta forma, con resultados aparentemente **buenos.**

Incluso podrá llegar a tacharte de *cruel* por permitir que el bebé esté padeciendo el dolor, porque cree que **tú** tienes la solución en tus manos.

Este es solo un ejemplo de lo que se te viene o ya seguramente viviste si eres madre.

Y también es un claro ejemplo de cómo alguien que **te ama inmensamente** puede llegar a herirte defendiendo sus **creencias.**

Te he dado este ejemplo tan claro y lleno de contexto porque son importantes **dos cosas.**

La primera, que tomes **conciencia** de que no es que las personas, de las cuales te sientas atacada, estén en tu contra o te quieran dañar.

Como diríamos en México, **¡no le caes gorda!**

Esto es muy importante que lo tengas claro para poder dar uso al poder rosa, el cual está relacionado con **el amor** y la **empatía.**

Si tú eres consciente de que la crítica te viene dada desde sus creencias **con amor,** buscando solo el bien de tu/s hijo/s, te será más fácil sentir **empatía,** la cual es la base del **poder rosa.**

A continuación te compartiré la experiencia de nuestros testimonios sobre este tema, no te extrañe que en cada letra te puedas sentir **grandemente identificada,** veamos.

❖ "Nunca sentí apoyo de **nadie de mi familia,** cuando nació el bebé todos querían llevarlo, cargarlo, opinar y decidir sobre él, y me causaba estrés estar en medio de tantas **opiniones**, diciendo que lo tenía que envolver, que tomara biberón para que se llenara, que báñalo de tal forma, que nadie lo toque, que todos lo toquen.

»Siempre **le he preguntado a mi mami, porque no me dijo** que el embarazo y la crianza de un hijo no es color de rosa como todos te dicen, todos dicen que es hermoso y que te aman, que son tu motor, vaya, la parte bonita; pero nadie te dice que también tiene cosas malas, que también sufres y sufres más cuando descubres que ese amor duele más que cualquiera, porque se obtiene ese miedo a perderlos, a mí me hubiera gustado que me dijeran también lo malo, los sufrimientos que pasan las mamis".

Rosa.

❖ "<u>Apoyo realmente de nadie</u>, nadie se acercó más que mi abuelita, me mandó comida una semana, o mi mamá, realmente fue todo complicado durante mi embarazo y el parto y, como me puse mal, pues más".

Claudia.

❖ "Mi madre falleció hace unos años y mi padre pues sí se ofrecía a algunos recados, pero nada más. Me quedé en casa de mis suegros, pero solo me daban comida y los notaba ausentes, como si nosotras no estuviéramos.

»Mis amigas fueron las únicas que preguntaban por mí, por si yo estaba bien, pero estaban en la distancia y yo sentía la necesidad de tener esa cercanía".

Elena.

❖ "Todo se veía negro, mi padre nos había dejado a mis hermanos menores y a mí, mi madre me regañaba todo el tiempo por haberme embarazado tan joven, era todo terrible".

Paula.

❖ "Yo he sentido mucha ayuda por parte de mi madre y, en el caso de mi tercer hijo, mi marido y yo éramos uno".

Ana María.

❖ "La ayuda de mis suegros ha sido primordial, muchas veces llamé a mi suegra para que viniera un momento a ayudarme, para darme un baño o merendar".

Angie.

Si analizamos los testimonios, las participantes resaltan mucho el hecho de la **falta de apoyo de la familia** y, muy en concreto, la mayoría se esperaba más de su **mamá**.

¿A qué se debe todo esto?

"El único amor que nunca decepciona es el de una madre".

Anónimo.

Esta frase última, de la cual no encontré autor, refleja el verdadero motivo por el cual la mayoría de nosotras de quien más queremos recibir ayuda es de nuestra madre.

En mi caso, por ejemplo, yo vivo en **España,** mientras que mis padres viven en **México**, por lo cual eso ha hecho que yo no me creara grandes expectativas al respecto.

Yo tenía claro que ella no estaría cerca y el hecho de tenerla, aunque sea en la distancia, tanto ella como mi padre me han facilitado mucho las cosas.

He ido valorando y valoro cada charla con ellos, en las cuales solo hay oportunidad para que reine la armonía.

Y mientras realizo este libro, me he ido sorprendiendo, ¿por qué yo no había tenido problemas con la familia sanguínea?

Pues bien, esa era la respuesta, la **distancia.**

Yo no tengo a mis padres metidos aquí día y noche, opinando sobre la educación de mi hija, y eso es un **gran alivio.**

Y es que, a fin de cuentas, los únicos que debemos opinar **somos los padres** de la criatura.

Volviendo a mi ejemplo, en mi caso mi madre vino un mes a estar conmigo los primeros días, y una tía también.

Las dos me ayudaron muchísimo con la casa para que yo pudiera dedicarme únicamente a recuperarme de la cesárea y cuidar de mi niña.

Te lo he querido compartir para que veas cómo el hecho de no haberme creado **grandes expectativas** fue beneficioso, ya que todo lo que recibí y recibo solo es favorable.

En mi caso, al igual que **Angie,** recibí mucha ayuda por parte de mis suegros, cosa que me costó porque soy una persona que no le gusta pedir favores, sin embargo, en esos momentos debemos aceptar la ayuda que se nos ofrece y agradecerla.

No importa quiénes sean las personas que están ahora mismo a tu alrededor, déjate ayudar.

Convertirse en madre al inicio nos hace sentirnos débiles, cuando la realidad es que es todo lo contrario.

Empezamos a valorar actos de nuestra naturaleza humana que antes hacíamos y que ahora no podemos.

Darnos un buen baño cada día tranquilamente, comer en el horario acostumbrado, incluso habrá alimentos que debas dejar de comer por la lactancia, para que no le caiga pesado al bebé.

Es un cambio tan y tan grande, que llega un momento en el que te hace pensar que es mucho para ti.

Sin embargo, el superpoder verde lo tienes, **créeme**.

Es tuyo y, una vez lo conozcas, verás que puedes ser **completamente feliz** con tu nueva vida.

Te verás haciendo tres o cuatro cosas más al día de las que acostumbrabas hacer, descubrirás el valor de cada cosa.

Disfruta de tu aprendizaje, relájate y potencia tus poderes.

Siguiendo con el tema de tu mamá y la ayuda que podrá o no brindarte, debes analizar cómo se ha creado alrededor de las madres una imagen de persona **leal** que **nunca te fallará**.

Además, sabes perfectamente que ella puede comprenderte porque también es madre, por lo cual creas una serie de expectativas de tu mamá de **madre salvadora**.

En los testimonios podemos ver diferentes casos que, de hecho, así como son nombradas, también aceptan la ayuda recibida, como en el caso de **Ana María,** que le da totalmente el crédito primero a su mamá y es que, tal como hemos visto, el haber recibido ayuda de la persona de la que más se esperaba recibir es de agradecer.

El caso por ejemplo de **Elena,** en el que su madre falleció, no debió ser nada fácil para ella en ese momento saber que no podía ni siquiera saber si le hubiera dado la ayuda que ella esperaba o no. Porque simplemente ella no estaba físicamente.

Cabe destacar que su mamá seguramente estuvo a su lado todo el tiempo, sin embargo, ya no de forma física, sino espiritual.

Pero tú en ese momento solo sabes que necesitas ayuda y el no recibirla de las personas que más pensabas que la recibirías puede realmente afectarte.

Muy probablemente estarás pensando que no fue tu caso, que tú no esperabas mucho de tu mamá, solo lo *normal*.

Pero eso es solo lo que te dice tu mente **consciente.**

Tu mente inconsciente, de la cual determinas tus creencias en un 95 %, es de donde de verdad estás creando tu realidad.

Y de aquí viene esta desilusión, al idealizarla y haber esperado algo que seguramente tu mamá tampoco tuvo.

¿Recuerdas lo de repetir patrones? Si ella, al convertirse en madre, se las tuvo que arreglar sola y callando lo que le pasaba, es la única manera que ella conoce de ser madre, por lo cual no te sorprendas de que vea normal el hecho de que te espabiles sola.

Solo sabe y cree que eres lo suficientemente capaz.

Y déjame decirte que cualquiera que sea el caso ella y de todos tus familiares, solo te están dando un aprendizaje, pero esto lo veremos más detenidamente cuando te explique cómo lo solucionarás.

En los testimonios también podemos analizar cómo cada una de ellas se esperaba **comprensión** y apoyo, sin embargo, se encontraron con muchas opiniones o críticas que, lejos de ayudarlas, les hicieron o hacen la crianza más difícil.

Concretamente, en el testimonio de Soraya, ella cree que el hecho de tener información a tiempo pudo haberle facilitado las cosas.

Por eso es muy importante que esta información la leas y la practiques. Piensa que de ello depende hacer un avance considerable en el tema.

"Si quieres cambiar al mundo, cámbiate a ti mismo".

Mahatma Gandhi.

Por ello, debes ser consciente de que dentro de ti tienes un poder interior que sana estas heridas, y que te protege y da la fuerza necesaria para salir adelante.

Estoy hablando de tu **poder verde,** como le he llamado en esta técnica de los superpoderes para que puedas ubicarlo y recibir sus beneficios.

Una vez tomes conciencia de esto y no esperes nada de los demás, lo poco que recibas te producirá agradecimiento.

Ahora bien, el hecho de que tú tengas la fuerza suficiente no significa que debas aceptar un tipo de situación que no sea lo que mereces de la persona que sea.

Debes ser consciente de que hay cosas que **deben ser y** otras que **no** dentro de las relaciones familiares, una vez te has convertido en madre.

Evita **normalizar** una situación que te **provoque daño**, ahora eres una persona que se está enfrentando a la aventura de ser mamá y debes cuidarte y amarte más que nunca.

Si tú lo normalizas y no **actúas** para cambiar esta situación de manera **efectiva** y armoniosa, **corres alto riesgo** de ser **tú la persona criticona y tóxica del futuro.**

Sí, y no me digas que cuando te toque no te pasará, porque todo está dentro de **tu programación,** es decir, **tus creencias.**

Todo lo que aceptes como **normal,** bueno o malo, es todo lo que seguirás creando en tu vida.

> "La mamá perfecta va vestida de autoestima, confianza, dignidad, amor propio, y se valora como mujer".

CAPITULO 11

MI MARIDO, UN GRAN APOYO

Tal como hemos podido ver en la gráfica de críticas de la familia, el que se lleva la palma de oro es el marido.

Jamás se me hubiera pasado por la cabeza el índice **tan alto** que había de críticas recibidas por parte de la pareja.

Las cifras son **alarmantes,** el hecho de que la persona que creó junto a ti esta vida nueva no comparta la misma finalidad en el camino debe ser realmente difícil.

En mi caso personal, no puedo imaginar siquiera a mi marido en mi contra, no me entra en la cabeza.

Y, claro, la verdad es que no me extraña, yo vivo dentro de una relación de pareja extraordinaria porque yo así lo quiero.

No doy cabida a algo diferente, yo creo lo que me gusta, enfoco mi atención en lo que sí quiero.

Doy lo que espero recibir.

Más adelante, en el segundo tomo de esta trilogía de los **superpoderes,** te explicaré con mayor detalle las claves fundamentales para que consigas mantener una relación de pareja extraordinaria, o bien, si es el caso y ahora mismo no tienes pareja, pues para que atraigas a tu vida a una persona y la lleves a un nivel superior.

Ahora nos centraremos concretamente en ver qué es lo que puede estar provocando que tu pareja no te esté ofreciendo el apoyo que necesitas como mamá primeriza, o bien podrás **valorar** el que sí estás recibiendo y agradecerlo como la bendición que es.

Recordemos que si tu marido te está criticando, **vibraciones similares vibran juntas,** debes parar un momento y pensar cuántas veces lo has criticado tú a él primero.

¿Cuántas veces lo has apoyado y comprendido?

¿Realmente te pones en su lugar antes de exigirle que él se ponga en el tuyo?

Que además, desde ya te lo avanzo, **no puede ni podrá.**

Él es padre, no madre, Dios que nos ama nos ha traído a este mundo con misiones diferentes a hombres y mujeres.

Y así como a nosotras nos ha dado este don de ser madres y esta misión para ser la base y fortaleza, a ellos les ha dado una totalmente diferente.

Si Dios hubiera querido que ellos supieran lo que es ser madre, los hubiera hecho madres, ¿no crees?

Pero Dios a ellos les dio el don de ¡ser papás!

La vida de ellos también se ha visto transformada y, créeme, sus cambios tampoco son sencillos, entre ellos, les han cambiado a la ¡mujer!

¿No me crees?

Pues tengo un regalito para ti, he entrevistado a algunos maridos de nuestras participantes y nos han regalado unos mensajes que no te dejarán indiferente.

He seleccionado las respuestas de dos en concreto, ya que simplemente es para que puedas por fin escuchar lo que piensa un hombre cuando se convierte en padre.

Por ello es que para mí es un superregalo para todas las mamás el mundo entero.

Ya que a los hombres les cuesta mucho expresar lo que piensan y sienten.

Bien, dicen que a ellos les gustan irse a su cueva y sentirse los que controlan la situación.

Pero la realidad es que no la controlan porque son humanos imperfectos, igual que tú y yo.

Sin embargo, ellos no experimentan la maternidad, experimentan la paternidad y la viven de una manera diferente a la nuestra.

Y, si no tienes las herramientas para mostrarles empatía, no esperes que ellos lo hagan contigo.

Veamos qué nos explicaron nuestros dos participantes como testimonios.

Nuestros participantes son Ricardo y Alejandro: Ricardo es padre de una niña y, Alejandro, padre de un niño y una niña.

Ambos viven con su esposa y nos comentan lo siguiente:

Primero nos hablan de los cambios que notaron en su pareja.

❖ "Los cambios que yo percibí en mi pareja eran que se volvió demasiado protectora. Además, empezamos a tener grandes diferencias a la hora de decidir en la educación que daríamos, porque teníamos los dos diferentes posturas. Uno no siempre coincide con la pareja en eso".

Ricardo.

❖ "Yo, de cambios en ella, noté su estado de ánimo, sus frustraciones por actividades que dejó de hacer o que ya no puede hacer, el espacio. Los achaques pertenecientes al embarazo. Y pues también hubo ciertas cosas que de alguna manera le provocaron más sentimentalismo en algunas situaciones. Y un poco aumento de la libido también".

Alejandro.

Ahora nos comparten los cambios que ellos notan en sí mismos.

❖ "Yo ahora me siento más responsable y siento que no puede faltar nada en casa. Los niños dan vida y uno quiere verlos crecer y estar a su lado el máximo de tiempo".

Ricardo.

- ❖ "De alguna que otra manera, tanto su organismo como su misma estructura está diseñado para la maternidad y se les hace difícil, pues con mayor razón que uno no contempla esos aspectos".

Alejandro.

Ahora nos comparten sobre si se han sentido comprendidos por su pareja.

- ❖ "A veces no me he sentido comprendido porque yo tengo una visión distinta".

Ricardo.

- ❖ "Algunas veces no me he sentido compren❖ido porque ella piensa que solo para ella es difícil, pero esto para nosotros es algo nuevo que nadie te enseña porque cada quién lo vive de manera distinta".

Alejandro.

Ahora nos explican sobre si son conscientes del esfuerzo que su pareja hace desde que se convirtió en madre:

- ❖ "Sí, soy consciente porque en su caso fue cesárea y es como una operación, creo que nadie quiere ser operado. Hay que ser valiente.

»En los pocos ratos que puedo ayudar intento cambiar pañales o llevar a la nena a dormir. Pero reconozco que las madres hacen mucho más que nosotros".

Ricardo.

❖ "Sí, soy consciente de que es un esfuerzo muy grande el que hacen las madres, y bueno, yo para ayudarla no hago en realidad mucho. Porque generalmente me encuentro trabajando todo el día y el tiempo en que regreso a la casa ya es noche y es muy poco el tiempo que le puedo dar para desahogo.

»Pero en lo que trato de apoyarla es en los fines de semana, si ella siente la necesidad de hacer alguna de sus actividades o simplemente si siente la necesidad de ver a sus amistades, pues yo me quedo con los niños.

»Intento no llamarla ni molestarla, la dejo que tome su tiempo, que se relaje, que disfrute. Y es la manera en la que yo intento ser su apoyo".

Alejandro.

Y, una vez abierta la puerta para hablar, Alejandro nos ha querido compartir su sentir sobre cómo él cree que, dentro de nuestra sociedad, sí se menciona el esfuerzo de la madre, quedando el del padre ensombrecido detrás de los malestares físicos que la madre padece. Veamos lo que nos compartió:

❖ "Una apreciación muy personal, sí, es cierto que la parte más pesada físicamente sí la pasan las mujeres, sin embargo, considero que deberían dejar de ser tan individualistas y egoístas, en el sentido de que crean que son las únicas que sufren cambios y que creen que necesitan toda la atención por ser mamá.

»A fin de cuentas, cuando se inicia este proceso de ser padres, honestamente nosotros como hombres también batallamos mucho porque nuestra carga es más **emocional.**

»Porque a nosotros no parece que nos represente ningún problema, sin embargo, **emocionalmente** se nos complica hasta cierto punto lidiar con emociones, y no solo personales, sino los de la pareja.

»Tienes que controlarte tú y asimilarte tú solo y, al mismo tiempo, estar ayudándole a tu pareja a tratar de superar sus cambios.

»Entonces, la carga emocional para un hombre es mucha también, hablo de cuando son parejas, en las cuales están involucradas ambas partes en este proceso.

»Y considero que no solo ellas necesitan toda la atención y apapacho. Porque nosotros también sufrimos cambios y tenemos que enfrentar nuestros propios demonios, y necesitamos que de igual manera **se nos valore o se nos tenga paciencia** en cuanto a todo lo que implica ser padres primerizos".

Así pues, podemos ver que si ambos, como padres, practican la empatía, se comprenden y reconocen con los cambios que esta nueva etapa les ha traído, podrán superarla con éxito.

Recuerda que, de una manera, ahora tienes todas tus emociones revolucionadas, pues estás iniciando un camino de autoconocimiento nuevo.

Ni tú misma sabes a ciencia cierta cómo eres ahora ni qué te gusta, ni qué esperas.

Así es, querida amiga, esto te lo digo con la enorme ilusión de que de verdad trabajes tu **poder rosa,** para que desarrolles mayor nivel de paciencia, de empatía y reine en ti el amor.

Si tú lo haces, verás que te será mucho más fácil.

Hasta ahora llevabas toda tu vida actuando de una forma, no le pidas milagros a tu marido y esperes que él sí sepa y entienda lo que ni tú entiendes.

Otra cosa de la que debes tener total conciencia, si no quieres morir en el intento, es que tanto tú como tu marido fueron educados de forma totalmente diferente y que, aunque para vuestra relación de pareja estas diferencias fueran mágicas y especiales para manteneros unidos, no pueden serlo para tomar decisiones conjuntas con lo que al bebé respecta.

Si ya estás embarazada, es muy probable que ya hayas empezado a darte cuenta de que, mientras él tiene una idea de cómo cuidarlo y las cosas que se necesitan, tú tendrás otras.

Es momento de empezar a negociar, pero también de que juntos lleguen a la conclusión de qué es lo mejor para el bebé, que aquí es quién realmente cuenta.

En la relación de pareja seguramente ya estabas acostumbrada a negociar, no lo dudo, y ganar y salirte con la tuya, ¿por qué no?

¿Y a ceder? Puede que también, pero sería muy sano porque eso te permitirá llevarlo mejor como **mamá que negocia con papá.**

Recuerda que vuestros puntos de vista como padres serán totalmente diferentes, sin embargo, ahora son un equipo y, como tal, deben de marchar en la misma dirección hacia un mismo objetivo.

Pues bien, hasta ahora ganar o perder solo te repercutía a ti, y el hecho de que algo te afecte a ti o no lo sabrás llevar de una forma, según tu tipo de mentalidad, claro está.

HISTORIA DEL DOCTOR PÉREZ

Como madre, al momento que tú expongas tu firme creencia de que tal o cual cosa es lo mejor para tu bebé, porque es lo que dice el Dr. Juan Pérez, eminencia en pediatría, no habrá poder humano que te haga pensar lo contrario.

Sabes que a tu marido, aunque antes le decías "Qué listo, mi amor, tienes razón, hagamos esto"; ahora le dirás "Que el **Dr. Pérez** y todo su equipo médico lo dicen y tú no sabes nada".

¡Wow! Qué fuerte, ¿no?

Pues bien, es que esta vez se trata de ¡¡¡tu bebé!!!

Y cada decisión que toméis juntos en relación al bebé será muy importante, por lo cual veo muy bien que tú, como mamá, expongas tus creencias.

Pero recuerda que él ahora también es papá y tendrá todo el derecho de exponer las suyas, y es muy probable que crea que el Dr. Pérez no sabe más que su mamá que lo crio con tanta dulzura de pequeño, y que él recuerde, tal o cual cosa que el Dr. Pérez recomienda, **nunca hizo falta.**

Desde aquí una disculpa al **Dr. Pérez** que, al fin y al cabo, no tiene la culpa.

He querido darte el ejemplo del **Dr. Pérez** para que abras los ojos, al **giro** que tus nuevas negociaciones dentro de tu matrimonio se empezarán a dar.

Recuerda que mi intención es que seas una mamá superpoderosa y que, para serlo, debes ser una mamá **despierta.**

Es decir, consciente de lo que está pasando, los tiempos están cambiando y hemos venido a este mundo a aprender y, con este aprendizaje, a dejar un mundo mejor, sobre todo para los nuestros.

Si no actúas, el tiempo que tienes para despertar pasará y, con él, te pasará la vida sin novedad, sin avance y sin transformación.

Tú has venido a este mundo a ser protagonista, no espectadora.

Tú decidiste cada característica tuya, aunque no lo recuerdes, porque sabías que con ello obtendrías tu aprendizaje.

Si mis palabras anteriores te hacen sentir confusión o pensar que lo que digo tiene tintes de locura, es un síntoma tuyo de estar aún dormida.

No te preocupes, esto apenas comienza y yo estaré a tu lado para que vayas abriendo los ojos poco a poco, con la finalidad de que, al abrirlos, ya no se cierren más y puedas apreciar la belleza infinita que Dios ha creado para ti.

Verás que durante el libro te hablo mucho de Dios, es porque creo en Él, ¿tú cómo le llamas a tu divinidad?

Escríbelo aquí:

_____

_____

_____

Es importante que haya algo en que deposites tu fe. Sin ella, realmente tu vida estará totalmente vacía.

Pues bien, yo la llamo Dios.

Bueno, una vez aclarado todo sobre el porqué de los nuevos tintes y matices dentro de vuestras nuevas negociaciones, te mostraré algunas cosas que nuestras participantes, como testimonios, nos explicaron al respecto.

- ❖ "A veces le he preguntado a mi esposo si lo he echado a un lado por los hijos y él mismo dice que sí, pero a él no le molesta. Cuando eran bebés era fácil encontrar un tiempo para ser pareja, pero con dos hijos y de la edad de cuatro y seis años, tienes que tener cuidado con las expresiones de cariño, el romance y las salidas solos, pues no existen; optamos por esforzarnos para tener noches para nosotros en casa, además, hay que tener cuidado con los temas que se hablan frente a ellos, y hasta para tomar decisiones sobre ellos hay que esperar a que se duerman y salir del cuarto, porque siempre están atentos a lo que se dice"

Rosa.

- "Sí, sí ha habido diferencias, él no participa al cien, ahora separada, menos.

    »**Yo soy la niña de la familia con mi hijo** y soy la que arma pistas con él, la que canta, baila, juega, educa; él en lo que podía decía sí o no, o no le quedaba opción.

    »Ahora es complicado, pues tampoco se comunica ni da pensión, así que ya decidí que yo decido mientras un abogado arregla ese asunto, a su ver soy buena madre, pero se contradice porque dice que le voy a hacer daño, está involucrando que no lo ve porque dice que lo manipulo, pero él no viene cuando le llama, le pone mil peros".

    Claudia.

- "El padre de mi hija se casó conmigo, pero a los seis meses lo dejé por falta de amor. Fui criticada por hacerlo, pero no estaba dispuesta a pasar toda mi vida con alguien a quien no quería, fue difícil la separación porque él sí me quería mucho y no me lo puso fácil.

    »Sin embargo, sé que fui valiente tomando esta decisión y no me arrepiento, ya que todo fue a mejor".

    Paula.

- ❖ "Mi marido estaba como ausente, lo notaba como si cargara al mundo con sus brazos.

    »Aquí en México solo dan como una semana de permiso de paternidad, y a la semana de que mi marido volvió a trabajar, a mí se me cayó el mundo".

    Elena.

- ❖ "Mi esposo me ayudó como un superhéroe, como tuve cesárea, él hizo *piel con piel* con nuestra nena mientras a mí me terminaban de operar.

    »Me hacía las curaciones de los puntos, me ponía las inyecciones necesarias, siempre estuvo al pie del cañón.

    »Sin embargo, cuando regresó al trabajo, después del permiso de paternidad, me sentí muy agobiada, pues me hacían falta sus cuidados y cariño.

    »Regresaba, me detenía a la niña poco rato y se quedaba dormido, y eso para mí, que tenía todo el día cargando a la niña por cólicos, no era suficiente".

    Angie.

- ❖ "Creo que la relación de pareja va menguando con la llegada de los hijos, pero todo hablando se va superando, es un cambio muy grande de ser pareja a tener hijos, pero poco a poco se va llevando".

    Ana María.

Tenemos casos totalmente diferentes, vamos a intentar analizarlos uno a uno.

En el caso de **Rosa,** ella se centra más por el hecho de falta de **privacidad** con su pareja.

Ella siente que lo está descuidando, **creencia** que es reforzada por el marido, el cual hace bien en manifestar su sentir, ya que la clave de un matrimonio estable es, sin duda, la **sinceridad y respeto.**

Tan bien lo llevan que juntos intentan crear sus citas.

Esto será importante que lo tengas muy claro desde ahora, tu vida de pareja ya **no existe,** ahora son una familia y esos episodios que antes vivían por casa desaparecerán.

Lo mismo nos comenta **Ana María** al expresar que la relación de pareja mengua y, por ello, resalta la importancia del **diálogo de pareja.**

Pero ojo, no estoy diciéndote que la **llama del amor** con tu marido ha desaparecido.

Solo te dejo claro que estás dentro de una **etapa distinta** en tu vida.

Ahora tendréis que esforzarse aún más los dos por mantener viva vuestra pasión.

Te estarás preguntando: ¿cómo?

TÉCNICA ROMEO Y JULIETA

> Una técnica muy buena es la de **Romeo y Julieta.**
>
> La cual consiste en que sois aún novios, pero **la rutina** los quiere separar, **los hijos** no les permiten verse para amarse.
>
> Por lo cual, os convertiréis en todos unos románticos, intentando **crear** situaciones para poder estar juntos.
>
> Si tanto tú como tu pareja **entran en juego,** esto se volverá divertido y todo **un reto.**
>
> **El premio** puede ser muy gratificante.

Así que coge tu agenda ahora mismo y haz una cita con él, ¡ya¡

Es igual que vayan solo a tomar un helado si es verano, o unos churros con chocolate si es invierno.

Permite que alguien más te ayude un momento con el bebé y sal a ese encuentro amoroso.

Entiendo que no podrá ser un encuentro largo, sin embargo, con solo media hora que os dediquéis será suficiente.

Y las citas románticas serán esa rutina envidiosa que no quiere darles un momento para la intimidad.

Pues bien, este es **tu reto.**

Consigue tener encuentros con tu ahora novio, ¡aunque sea algo fugaz! Jueguen a que son dos adolescentes que se esconden para jugar al amor.

Recuerda sacar de cada momento lo especial, lo bonito.

Si lo miras como lo que es de verdad, una oportunidad de aumentar la llama de la pasión y el amor, así será.

Sin embargo, si dejas que la rutina y la presencia de los niños afecten a tu relación, las **alarmas de peligro pueden saltar.**

Veamos ahora el caso de **Claudia,** la cual al parecer no solo está separada del padre de su hijo, sino que lo han hecho en malos términos, ya que señala estar incluso viviendo problemas legales.

Este caso en particular tiene mucho trasfondo, analizarlo para mí sin saber más sobre los motivos que los llevaron a eso no será sencillo, sin embargo, para que exista un problema deben estar de acuerdo **los dos.**

En la respuesta de **Claudia,** responsabiliza de todos los problemas al padre de su hijo, sin embargo, vibraciones similares son atraídas.

¿Qué quiero decir con esto? Que el hecho de que la separación no sea en buenos términos no es más que el resultado de las ondas vibratorias que los dos envían.

La única forma de que esta situación cambie es que ella suba vibración: las **vibraciones altas dominan a las inferiores.**

Es decir, si ella empieza a **perdonar, a soltar y transformarse** a sí misma ella, obtendrá cosas buenas de su expareja.

Sin embargo, mientras ella tenga una imagen de cómo alguien solo le da problemas, solo provocará que los problemas entre ellos crezcan. **Porque donde pones tu atención, envías tu energía y creas.**

> **"¿ESTÁN SEPARADOS?**
> MAMÁ, NO HABLES MAL DE PAPÁ.
> PAPÁ, NO HABLES MAL DE MAMÁ.
> NO DAÑES LO MÁS SAGRADO QUE TENGO".
> ANÓNIMO.

El caso de **Paula** no debería dejarte indiferente, ella tenía tan solo diecisiete años, pero tal como comenté anteriormente, eso es lo que la hizo **valiente,** ella detectaba sus **tres poderes** con claridad y los usó.

Tengo que decirte que su hija ahora es mayor y es encantadora, una chica madura y de buen corazón.

Qué te quiero mostrar con esto, pues bien, ella no obligó a su hija a crecer en un matrimonio donde no había amor, eso es muy **importante.**

Son altos los índices que indican que la mayoría de los traumas de los niños vienen de escuchar a sus padres discutir.

"La filosofía es un silencioso diálogo del alma consigo misma en torno al ser".

Platón.

Veamos cómo **Elena** argumenta que resintió mucho la vuelta al trabajo de su marido, lo mismo que **Angie,** la cual incluso agrega detalles de la gran ayuda que suponía su marido en casa; sin embargo, la sociedad esto no lo entiende.

Y aquí están las pruebas de cómo, al nacer un bebé, los dos son igual de importantes en el cuidado del bebé e incluso entre ellos.

Podemos ver cómo **Angie** comenta que su marido le ayudaba incluso con sus cuidados de salud.

Juntos crearon una vida porque se aman y juntos deben impulsarse entre ellos.

No sufrirá lo mismo una mamá que se sintió amada y protegida por su pareja, que una que se sintió abandonada.

No confundamos el **sentimiento de abandono** con el abandono en sí.

Tú seguramente, cuando te llegue el momento, sabrás que lo hace porque tiene que volver al trabajo. Sin embargo, debes ser muy astuta y activar tu **poder rosa,** que es empático, para mostrarte realmente empática con él.

Ya que esos primeros días pueden llegar a ser tan agobiantes que, como no sepas separar el deber del querer, puedes llegar a crearte toda una telenovela que no tenga precisamente un final feliz.

La clave aquí consistirá en que demuestres esa empatía y entendimiento, valores y agradezcas esos esfuerzos que dentro de sus posibilidades él haga para ti con amor.

Más adelante te mostraré cómo podrás ayudarte a separar estos temas.

Es muy importante que lo trabajes para crear una base sólida de entendimiento en vuestro matrimonio, si lo tenéis, o en vuestra vida en pareja.

La frase "Detrás de un gran hombre hay una gran mujer" no me gusta porque nos posiciona pues eso, **detrás**, y no al lado.

La realidad es que **al lado de un gran hombre hay una gran mujer, y viceversa.** De todo esto ya te hablaré en el segundo tomo de esta trilogía, en el cual ampliaremos y profundizaremos mucho más sobre el **amor.**

CAPITULO 12

DIFICULTADES: FAMILIA POLÍTICA

Un estudio en Reino Unido revela que una de cada diez parejas que se divorcia en ese país es debido a la **intromisión de la familia política** como la causa de su ruptura.

La familia política son personas que, a menos que viváis en la misma casa, podrás predecir o avanzarte al momento de encuentro.

Si tu caso es el de tener suegros o cuñados/as tóxicos, lo primero es detectarlos.

Analicemos qué nos explican nuestras participantes como testimonios:

❖ "En mi caso tenía muy buena relación con mis suegros hasta que empezaron a criticarme, lo cual me hizo sentir sola y sin apoyo, ellos no se dan cuenta, pero ya solo verlos me provoca ansiedad porque ya me espero la crítica del día".
Angie.

❖ "A mí me tocó aguantar que, en las reuniones de los fines de semana, mi cuñado siempre me hiciera comentarios desagradables, al igual que mi suegra, porque al yo ser muy joven creían que no tenía ningún conocimiento, a pesar de que yo ayudé a criar a mis sobrinos. La solución que tomé fue alejarme de la familia y nunca más frecuentarlos".

Claudia.

❖ "En mi caso, el problema principal es con mi suegro, porque es un hombre machista que está acostumbrado a decidir en su hogar y a no recibir ningún tipo de consejo de la mujer, por considerarla inferior".

Elena.

❖ "Fui duramente criticada, porque yo no quería hacer una crianza tradicional, yo elegí crianza con apego, gracias a que, en cuanto me enteré de que estaba embarazada, leí todo lo que pude. La gran parte de las criticas venían de mi suegra".

Rosa.

❖ "Los abuelos de mi hija me lo hicieron pasar bastante mal, si le llegaban a comprar ropa nueva, era solo para que se la pusiera cuando iba a visitarlos. No se han portado bien".

Paula.

❖ "No me he sentido criticada por la familia política porque siempre he tenido clara la manera de educar a mis hijos y, a quién no le haya gustado, a mí me ha dado igual".

Ana María.

Primero que nada, es hasta cómico ver cómo los suegros siguen siendo los grandes villanos en las relaciones de pareja, y **principalmente** con las **mamás**.

Si buscamos en Google, encontraremos mil artículos sobre **suegros tóxicos** y cómo detectarlos, así como chistes de suegras, canciones, memes, etc.

Y, a fin de cuentas, a mí siempre me ha sorprendido todo este alboroto.

Al fin y al cabo, las esposas deberíamos tenerle un cariño y respeto a los padres de nuestros maridos, y con mayor razón si son los abuelos de tus hijos. Y ellos deberían **respetarte** y quererte de igual manera, ya que eres una mujer que hace feliz a su hijo y los hiciste abuelos.

Bien, pues hasta aquí todo es maravilloso y esplendoroso, y huele a rosas del campo.

Pero ¿por qué llega un momento en que esto empieza a oler más a campo abonado que a rosas?

Veamos y analicemos.

Iniciaré con el caso de **Angie,** que viene más de lo que acabo de explicar… Quiero suponer que si tenía con sus suegros esta relación de armonía, era porque había un **respeto**.

¿En qué momento se perdió?

Pues bien, ella en la entrevista argumenta lo siguiente:

❖ "Al nacer mi hija, mis suegros empezaron a opinar de más, no les ha parecido hasta el momento ninguna decisión que he tomado con mi hija y lo dicen. Para mí es molesto tener que aguantar este tipo de comentarios, considero que si no están de acuerdo, se lo podrían guardar y respetarme".

Angie.

Pues bien, vemos aquí que lo que se llevó el olor a **rosas** fue la **falta de respeto,** aunque ya lo veíamos venir.

El respeto es **base** para mantener cualquier tipo de relación.

Angie tiene razón en exigir ese respeto, sin embargo, sus suegros seguramente no son conscientes de que lo hacen al opinar delante de ella lo que no les parece. Veamos, ¿por qué?

"A quien critique mis pasos, le presto mis zapatos".

Ni los buenos son tan buenos, ni los malos son tan malos.

Tal como hemos comentado anteriormente, las personas actúan basadas en sus creencias y en lo que les funcionó toda la vida.

Como el caso de la mamá y el té de manzanilla, ¿recuerdas?

Pues es más de lo mismo con los suegros, es solo la otra cara de la moneda.

Si el problema es que externan lo que no les parece y la relación siempre fue buena, lo que está sucediendo es que, al igual que tu madre, ellos quieren ver que educas a su nieto/a de la misma forma que ellos lo hubieran hecho, ya que consideran que son unos expertos.

Y seguramente lo fueron para su hijo o hijos, sin embargo, eso no les autoriza querer que tú te ciñas a sus patrones de educación, y esto viene porque son de **mentalidad fija.**

Si su mentalidad fuera de crecimiento, estas diferencias las aceptarían con expectativa.

Sin embargo, si te critican cada decisión, quiere decir que estás atacando su sistema de creencias, y a una persona de mentalidad fija no le gusta que se dude de lo que ella cree que es lo más correcto, ya que de poner esto en duda, se pone en duda todo lo que ella cree como éxito o logro.

Y tú, amada lectora, desde ya te digo que si no te ha pasado, prepárate, y te adelanto la frase que te acompañará desde ahora:

> "Pues siempre se ha hecho así y no ha pasado nada".

Pero bueno, esto a ti no te afectará en absoluto porque ya estás preparada.

Sobre todo con conciencia de que **el cambio** que tus suegros lleguen a tener contigo no vendrá desde la maldad, sino desde sus **creencias,** que les indican que decirte tal o cual cosa es lo mejor.

Si tú te mentalizas con esto, no habrá ni existirá comentario ni de los suegros ni de los cuñados, o de quién sea que te pueda afectar. Porque tú no caerás en el **rol de mamá víctima.**

Sino que estarás con tus **superpoderes bien activados,** viendo con claridad el fondo de los comentarios y no entendiendo un mensaje totalmente diferente al que te envían.

Y es que recordemos que estarás especialmente **sensible,** lo cual te podrá llevar con facilidad al **rol de mamá víctima.**

Por eso, amada lectora, tú no estás dispuesta a permitir que tu **momento** de crianza del primero, segundo o el que sea de tus hijos, se vea empañada por **percepciones distorsionadas**. Que lo único que pueden llegar a provocar es que incluso llegues a tener problemas de pareja.

> Ya que el índice de mujeres que se han divorciado por culpa de los suegros es muy alto.

Tenemos que **todas,** excepto **Ana María,** sus principales problemas radican aquí.

Por lo cual quedan perfectamente bien explicados con nuestro análisis anterior.

Por el contrario, **Ana María** niega haberse sentido mal por las críticas, esto recordemos que tiene la raíz en su programación, ella seguramente tiene una creencia, dentro de la cual lo que opinen las personas de su entorno no le afecta.

Esta característica le ha ayudado en esos momentos a no centrar su atención en esas cosas que no quería y dárselas a lo que sí quería.

Por ello es que son tan importantes estos testimonios, porque nos ayudan a ver diferentes maneras de afrontar las situaciones y de hacer las cosas.

Este mensaje que nos queda de Ana María es grandioso. Porque recordemos que allá donde enviamos la energía se expande. Es decir, poner demasiada atención a algo negativo solo te da más de lo mismo.

Esto es ley de atracción y debes saber, en caso de que no sepas mucho sobre ella, que **está funcionando para ti todo el tiempo.**

Y que no distingue entre lo que quieres y lo que no quieres.

Solo atrae para ti aquello en lo que das más atención y energía.

Si tú le das muchas vueltas a una situación desagradable, solo vas a crear más y más. Da igual que tus pensamientos sean de "Ya no soporto esto" o "No lo quiero más en mi vida". **¡Estarás atrayéndolo!**

Tu postura debe ser clara, debes tener pensamientos de lo que SÍ quieres, por ejemplo:

"Agradezco tener mi familia unida y valoro sus características diferentes y únicas".

En caso de que necesites trabajarlo más, usa las afirmaciones como mi ejemplo anterior.

Decreta todo lo que sí quieres que suceda y la ley de la atracción, en conjunto con el universo, trabajará para ti.

Déjate consentir por tus superpoderes creadores.

Recuerda apuntar todo lo que creas que te pueda servir.

Más adelante te mostraré las técnicas para activar el poder rosa, con el cual esto lo tendrás **dominado.**

CAPITULO 13

DIFICULTADES: ENTORNO EXTERNO

Pues bien las **dificultades,** o más bien las críticas, que hemos ido viendo en el camino de la crianza hasta el momento, habían sido solo de la familia.

Ahora veamos, ¿qué opina la sociedad?

¿Apoya a las mamás?

La realidad es un **rotundo no.**

Desgraciadamente, nuestra sociedad actual no está ni medianamente preparada para saber tratar y comprender a una madre.

La gente se cree que, etiquetándonos en Facebook el día de las madres, ¡ya nos están reconociendo!

Pero la realidad es que la sociedad es la primera en **criticar y juzgar** a las madres.

Veamos, ¿por qué?

Tal parece que la sociedad actual tiene la misión de ponernos aún más difícil llevar a cabo una crianza feliz.

Te encontrarás en el camino críticas por dar lactancia, por no darla, porque exiges que se laven las manos antes de tocar al bebé, porque no lo exiges, porque lo llevas a la guardería, porque no... La lista es larga, opinará hasta el perico.

Are you ready? ¿Estás lista?

Visitas cómodas e incomodas.

Aún recuerdo cuando faltaban pocos días por nacer mi hija y le pedí encarecidamente a todos **no visitarme,** y no porque no los quisiera ver, sino porque asistí a un **curso de parto respetado,** en el cual nos aconsejaron que lo ideal era poder disfrutarnos nosotros tres al principio, como nueva familia, y tener ese **momento de intimidad.**

Este fue mi principal objetivo, sin embargo, como no se cumplió, me di cuenta de que no solo se rompió esa intimidad, sino que yo estaba **recién operada**, en bata de dormir, sin maquillar, con lo vanidosa que soy, para mí fue muy fuerte dejarme ver por personas que no eran mi marido en bata de dormir, me quería esconder y no podía huir, pues no podía moverme y no me quedaba más que dejarme observar **como pez en el acuario.**

Pero es que esto no termina aquí, sino que, una vez llegas a tu casa, empiezan a llegar **mensajes y llamadas** de personas que quieren visitar al bebé y te dicen los días que **a ellos les viene bien**. Pero ¡espera!

¿Alguien acaso se pregunta si a la mamá le viene bien?

La gente debería ser un poco **más considerada** y entender que, ahora mismo, venir a casa no es buena idea.

Claro, si pensarán por un instante que son personas que quizá ni conocen tu casa, y ahora les tienes que abrir la puerta cuando más descuidada está y cuando más agotada estás tú.

Eso sin pensar si eres de las mamás que se agobian con tantas manos tocando al bebé.

Todo puede generar mucho estrés en ti como madre, es por ello que, en este sentido, te vendrá muy bien **activar tu poder rosa,** ya que sin él puedes llegar a tener malos entendidos.

Las personas intentan ser amables y creen que, si no te vienen a visitar, te vas a sentir mal.

Cuando la realidad es que te harían **un gran favor** dándole el regalo al padre y quedando con él aparte, y esperándose a que tú estés más recuperada y el bebé tenga, como mínimo, las vacunas para recibir a tanta gente.

Pero repito, **ellos no lo hacen con maldad,** ni mucho menos, solo son actos que se han usado en **nuestra sociedad** para recibir al nuevo miembro de la familia que sinceramente, bajo mi opinión, deberían ser no eliminados, pero si renovados.

En mi caso tuve de todo, tanto los que creyeron que era de vida o muerte venir a casa, como los más prudentes que esperaron un tiempo considerable.

Si eres de las que, como yo, se puede agobiar con esto, te aconsejo pidas que se esperen un tiempo prudencial para visitarte, créeme, lo entenderán, no tengas vergüenza a pedirlo. Si, por el contrario, eres de esas mamás que les encanta la gente y les tiene sin cuidado que la casa se llene porque les hace bien la compañía, entonces, querida amiga, **esto te va a gustar.**

Disfrútalo, que de esto se trata, de que siempre saques lo mejor de cada oportunidad dentro de tu maternidad.

MAMÁ MANIÁTICA O MAMÁ LIMPIA

Es bien sabido que, al nacer un bebé, necesitará ciertos cuidados.

Un acto tan simple como lavarse las manos antes de tratar a un bebé podría salvarle la vida.

Existen enfermedades realmente graves que se pueden contagiar, pero otras **leves en un adulto,** como una gastroenteritis o un **resfriado,** pueden ser **mortales** para un bebé recién nacido.

Sobre todo durante los primeros meses de vida del bebé, es necesario tener las manos siempre limpias para evitar transmitir enfermedades a los pequeños.

Los bebés son seres muy vulnerables que pueden enfermar rápidamente y, al tener un sistema inmune bastante débil, es por ello que te recomiendo que no te canses de decir, a otras personas que interactúan con tu bebé, que también lo hagan.

Los hermanos mayores, los abuelos, los tíos, o cualquier otra persona que toque a tu bebé en sus primeros meses de vida, deberá tener las manos siempre bien limpias.

Si ellos aman de verdad al bebé, lo harán con gusto, demostrándote que lo aman y que te apoyan como madre en tu forma de cuidarlo.

Sin embargo, pese a las consecuencias de no hacerlo que te he explicado anteriormente, habrá familiares que te lo pondrán realmente difícil.

Desde algo tan sencillo y sano como lavarse las manos, hasta no ofrecerles cualquier tipo de alimento que tú, como mamá, prefieres evitar.

No debes alarmarte, lo ideal sería que todos te dijeran: "No pienso igual, en la época de los dinosaurios esto no se hacía, pero sabes que **te apoyo**".

Sin embargo, esto es una **fantasía**.

La realidad es que las personas de tu entorno se mostrarán reacias a lo que ellas creen que es **obedecer** tus **normas**.

Tendrás que mantener activado **el poder rosa** en varias ocasiones con este tema, pues ellos así lo ven.

Y tú sabes que no **son normas,** no pides **obediencia,** sino que es tu manera de educar a tu hijo/a y solo **pides apoyo y respeto.**

Recuerda que **debes huir del rol de mamá víctima** o te hará sentir infeliz y desgraciada, y que caigas en una depresión por **problemas con tu entorno.**

Tú ahora mismo debes estar tremendamente amorosa, compasiva, empática y bondadosa. Primeramente contigo.

Si las personas no son de tu agrado, recuerda que no lo haces por ellos, lo haces por ti. Porque tú mereces estar bien y ser esa mamá feliz que soñaste.

Porque esto es lo que estarás sembrando dentro de este sendero que estás caminando.

No lo olvides.

> *"La vida me ha enseñado que la gente es amable si yo soy amable, que las personas están tristes si yo estoy triste, que todos me quieren si yo los quiero, que todos son malos si yo los odio, que hay caras sonrientes si les sonrío, que hay caras amargas si estoy amargado, que el mundo está feliz si yo estoy feliz, que la gente es enojona si yo soy enojón, que las personas son agradecidas si yo soy agradecido".*
>
> **Gandhi.**

PROFESORES Y VECINOS

No faltarán también los comentarios de algunos profesores que tienen como deporte criticar a las madres de familia, sobre todo si aún no han sido padres, y algunos aunque lo sean.

Y te criticarán por cada decisión que tomes, por si llegas demasiado temprano, por si llegas tarde, por si llamaste cuando estaba enfermo, por si llevaste tal o cual circular.

Con esto no quiero decir que no haya unos que sean prudentes y profesionales.

Tal como comenté anteriormente, estudié Educación Infantil de cero a tres años y estuve en varias ocasiones trabajando en guarderías, es por ello que eso me permitió darme cuenta de que varias repetían el mismo patrón.

Marchaba la madre y venga a criticarla sin piedad.

Es, de hecho, una de las cosas que no me gustan de ese ambiente laboral, cosa que se refleja en que no he ido **nunca** a llevar mi currículo desde que me gradué y terminé algunas prácticas y sustituciones.

El hecho de verme envuelta en un ambiente para mí tóxico, de crítica hacia personas que les está costando el alma dejar a sus hijos con personas extrañas para irse a trabajar, y que a saber si esa noche han podido dormir siquiera, para mí no era agradable.

Cabe destacar que menciono a la guardería en concreto por mi experiencia en ellas y porque estamos hablando de tus inicios en la maternidad, no te voy a hablar ahora mismo de cómo reaccionarán sus profesores de la universidad, ¿cierto?

Más adelante, en el **poder azul,** hablaremos más del tema de la guardería y te daré **la otra cara.**

Una cosa es que puedas tener la **suerte** de que te toquen profesores criticones, y otra muy diferente son los **grandes beneficios** indiscutibles que los colegios pueden aportarte a ti, y principalmente a tu hijo/a.

Igualmente, como las personas se suelen quedar más con lo malo que con lo bueno, considero correcto repetir que puede sucederte o no, que esto dependerá mucho de los valores de la profesora o profesor en cuestión.

No quiero provocar con esto un tema polémico generalizando.

Mi misión aquí es decirte lo que **puedes vivir** y prepararte.

Igualmente, recuerda que tanto te suceda como no, por eso en este manual aprenderás a **activar tu poder rosa,** para no caer en conflictos con nadie externo.

La intención es detectar de dónde pueden venir factores estresantes a tu nueva vida como mamá y que sepas ser empática y amorosa, de manera que esto lo soluciones de manera amable.

Y los queridos vecinos, ¿qué opinan?

Ellos, los vecinos que, con singular alegría, te dejarán caer sus comentarios, como ese día en que no pudiste llevar a tu hijo a la guardería y te dejan caer: "Por qué no lo has llevado a la guardería, muy mal, ¿no?".

Como si de ello dependiera su título universitario.

Muy probablemente ese día la enferma eras tú y no te viste con las fuerzas de llevarlo, y estás intentando hacer las cosas lo mejor que puedes, sin embargo, tus queridos vecinos no lo van a pensar y te dejarán caer, uno tras otro, comentarios que, como no actives tu poder rosa, alguien podrá salir herido.

CAPITULO 14

LACTANCIA MATERNA

La Organización Mundial de la Salud (OMS) recomienda alimentar exclusivamente al recién nacido con lecha materna hasta los seis meses, y como apoyo de otros alimentos hasta los dos años.

Sin embargo, analicemos cuál es el apoyo que las madres reciben de TODO su entorno para llevarla a cabo.

En los casos anteriores pudimos observar cómo algunas madres habían sido criticadas por prolongar la lactancia.

Pero ese no es el mayor problema, sino que la gran mayoría de la sociedad en la que vivimos no está preparada para aceptar y apoyar este hecho.

Los seres humanos quieren olvidar que lo son.

A lo largo de la historia, han ido utilizando su poder creador para cambiarse a sí mismos, buscando la autorrealización, tal como pudimos ver en la pirámide de Maslow.

El problema es que en el camino de esta búsqueda de superación han creado una sociedad que NO acepta la naturaleza del ser humano.

Lo superficial está muy bien visto, lo natural no.

Nuestra sociedad no ve bien mostrar nuestro cuerpo y el hecho de que una madre, para alimentar a su hijo, tenga que descubrirse el pecho, lo tacha con una infinidad de barbaridades.

Lo mismo les sucede a las personas que nacen con una orientación sexual que no es heterosexual.

Ellos han marcado que todos deben ser iguales o, de lo contrario, irán al infierno.

Seguramente no habías pensado un poco en estas personas, pero te las recuerdo porque muchas de ellas luchan y sufren esta discriminación **toda su vida,** la gente las quiere ver encerradas también en una cueva y que no salgan.

En la misma cueva que quieren meter a las madres que solo quieren alimentar a su bebé de la mejor manera que existe.

La más natural y beneficiosa.

"Si existiera una vacuna con los beneficios de la lactancia materna, los padres pagarían lo que fuera por comprarla".

Carlos González.

A la gran mayoría de la gente no le gusta ver a una madre amamantando a su bebé por considerarlo **sucio o vulgar.**

Sí, lo estás leyendo bien, comparado **con exhibicionismo.**

Un acto de amor, pero además de **supervivencia humana,** los mismos seres humanos que en su momento lo necesitaron para llegar a la edad que tienen ahora y poder destilar su veneno en contra.

Ellos son los que lo ven de tal forma, y no están dispuestos a permitir que una madre alimente a su bebé tranquila.

Ellos quieren someter a la madre a una cueva las veinticuatro horas, a ser posible, y que ahí se quede alimentando, no vaya a ser que alguien se vea ofendido.

A continuación analizaremos unos testimonios

- ❖ "Sí, di lactancia. Y la verdad que es la experiencia más bonita que hay, es un vínculo madre e hijo que no te lo puede quitar nadie".
  Ana María.

- ❖ "Di lactancia materna por **casi cuatro años**, la dejó un mes antes de los cuatro, y lo mismo que el pañal, **fui criticada,** pero no me importó, para mí **fue la mejor de las experiencias**".
  Claudia.

- ❖ "En mi caso, muy a pesar de los pronósticos, llegamos con mi hija hasta los tres años y medio, sin embargo, los dos primeros años los comentarios de la familia, diciéndome una y otra vez que la niña ya estaba grande, fue un continuo.

  »Por suerte solo escuché a mi niña y a mí, y decidimos juntas el inicio y el final".
  Angie.

Ana María directamente nos habla de lo maravilloso que es dar lactancia materna, es importante tener esto siempre claro. No tiene por qué ser una experiencia dura si así lo deseas. Ahora vamos a analizar las otras experiencias de nuestras participantes para ver por qué algunas no pudieron disfrutarlo igual.

Claudia y Angie tuvieron la oportunidad de hacer lo que quisieron hasta el final sin importar las críticas de su entorno, sin embargo, ¿crees que de verdad merecían **años** de su vida recibiendo críticas de su entorno?

Definitivamente, ¡no!

Aunque ella argumenta en el final "No me importó", expresó **Claudia**, la realidad es que sí le importó al grado de que nos lo ha compartido a través de su testimonio. Su alma sabe que el decirlo puede ayudar a que otra madre no tenga que verse juzgada mientras alimenta a su bebé de la mejor manera.

¿La mejor manera? Pues sí, da igual la manera en la que hayas decidido hacerlo, cualquiera que sea la forma como lo hayas hecho, **esa era la mejor manera.**

Tu hijo/a o hijos/as te han escogido a ti como madre porque saben que tú tienes las características necesarias para darles lo que necesitan, para crear su base.

TUVE CESÁREA, ¿CUÁNDO ME BAJARÁ LA LECHE?

Ahora veamos lo que nos contaron nuestras participantes **Elena** y **Angie**.

❖ "Los primeros dos días le di biberón porque no me bajaba la leche al ser cesárea. Tuve que valerme de masajes para bajarla y eso ayudó a que empezará a salir calostro, y eso nadie me lo dijo.

»Y cuando vi que salía leche descansé, porque era estresante para mí, porque yo no quería que mi hija estuviera tomando leche artificial".

Elena.

❖ "En mi caso fue cesárea, sin embargo, en el hospital me dijeron que amamantara a mi niña desde el primer momento, me explicaron que saldría algo llamado calostro y que con eso era más que suficiente para que mi niña estuviera bien nutrida, que no hacía falta darle leche de fórmula.

»Y así lo hice, pasamos una noche solo con el calostro, posteriormente me comentaron que mi niña había perdido peso, aunque según ellos era normal los primeros días, así que intenté combinarle con leche de fórmula; sin embargo, mi niña rechazó el biberón y sorprendentemente consiguió que, al segundo día, la leche ya saliera sin problemas".

Angie.

He juntado los casos de **Elena y Angie** porque podemos ver que a **Angie** sí se le informó en el hospital sobre cómo dar la lactancia, y le daban la información indicada para llevarla con éxito.

Mientras que Elena pensó que, al ser cesárea, no podía amamantar a su niña y, en lugar de que fuera estimulada por su propio bebé, tuvo que estimularse con masajes.

Por eso para mí es importante que estos pequeños detalles los anotes, así que coge papel y lápiz.

EJERCICIO: MAMÁ INVESTIGADORA

Investiga todo lo relacionado a cómo dar la **lactancia materna** a **un bebé de cesárea y natural,** incluyendo remedios para el dolor.

En mi caso particular, me recomendaron ponerme **aceite de oliva** en el pezón para calmar el dolor, así que me puse a quedarme con todos los aceites que me daban en las comidas.

Si lo hubiera sabido antes, hubiera llevado mi propio difusor pequeño con aceite de casa.

Por ello apunta todo lo que consideres, investiga sobre los nutrientes del calostro, etc.

Así como investiga más sobre cómo colocar al bebé, a saber cómo prepararte tú antes de cada toma, ya que muchas no saben que a veces el pecho va muy cargado y el chorro que sale de leche es fuerte, y el pobre bebé acaba tosiendo.

Son detalles que me gustaría que investigues y anotes en tu libreta de supermamá poderosa.

Usa tu creatividad y llénala con todo lo que consideres importante.

Verás que, con tan solo abrirla, sentirás una gran emoción de ver que tienes todo bajo control.

Al menos lo controlable en este caso.

Prefiero que seas tú quien trabaje buscando la información sobre los detalles como estos en la lactancia, ya que es muy amplia y podría hacer perfectamente todo el libro sobre ello. Sin embargo, hay otros temas que debemos tratar para ayudarte en tu camino de mamá superpoderosa.

Sin embargo, no eches el consejo en saco roto, **actúa,** investiga y anota todo lo que puedas llegar a necesitar, pregunta a tus amigas, etc. La información nunca está de más.

NO FUE COMO LO PLANEÉ

Ahora veamos algunas complicaciones que pueden suceder.

- ❖ "A mí me nadie me informó de que dar pecho dolía, y mucho, los primeros días pasaba unos dolores muy fuertes hasta llegar a las lágrimas.

    »Nunca pensé en llegar siquiera a los tres meses, pasamos una mastitis y tuve que tomar antibióticos, sin embargo, me explicaron que no le afectaba a mi bebé y así fue, todo salió tan bien que duramos disfrutando de la lactancia".

    Claudia.

- ❖ "Yo practiqué lactancia materna y con fórmula, con fórmula porque enfermé y necesitaba medicamento que podía afectar a la leche materna, pero fue la experiencia más horrible, pues con los horarios de mis hijos me tenía que levantar a preparar un biberón cada dos o tres horas, así que menos podía dormir".

    Rosa.

❖ "No pude dar lactancia porque a los tres días que me dieron de alta en el hospital por la cesárea me dio una infección muy fuerte, por un punto que no cerró bien, y me inyectaban cada cinco horas. Así que le tuve que dar biberón. Solo sé que ocurrió un milagro".

Paula.

Tal como vemos, **Claudia** tuvo mastitis, es importante estar bien informada porque el antibiótico que suelen dar siempre es compatible con la lactancia, infórmense con su doctor.

La mastitis es una inflamación del tejido mamario que, a veces, conlleva una infección. La inflamación provoca dolor, hinchazón, calor y enrojecimiento en los pechos. Es posible que también tengas fiebre y escalofríos.

La mastitis comúnmente afecta a las mujeres que están amamantando, es por ello que es importante que, a la menor sospecha, acudas a tu médico.

En mi caso personal también la padecí y terminé mi tratamiento **sin suspender la lactancia materna** en ningún momento.

Sin embargo, vemos que tanto **Rosa** como **Paula** tuvieron otro tipo de complicaciones, **Rosa** tuvo una enfermedad y **Paula** complicación por cesárea.

Y eso no les permitió dar lactancia materna, sin embargo, no habrá faltado quiénes las juzgaran por ello.

Sin embargo, ellas han demostrado ser todas unas guerreras con un **poder verde** activado al 100 %, ya que no es nada fácil tener que adaptarte de esta manera, no solo tuvieron que esforzarse el doble alimentando con biberón, sino que se tuvieron que enfrentar a sus particulares problemas de salud con una **fuerza** que solo te da tu **poder verde.**

Es por eso que es importante que lo escuches, lo detectes y lo dejes **fluir.**

Ellas seguramente hubieran deseado dar la lactancia materna, según su testimonio, era la principal intención y para ellas realmente hubiera sido más **cómodo,** sí, aunque no me lo creas ahora mismo.

No es lo mismo estar acostada en tu cama, abrirte un poco el pijama y listo, a levantarte y preparar biberón cada cierto horario, estés en las condiciones que estés.

Aparte de que obviamente es un gasto a tu economía externo, que las que dimos solo lactancia materna nunca tuvimos.

En mi caso, recuerdo haber comprado leche en fórmula solo hasta que empezó a comer sólido, a los seis meses, y se la daba dentro de sus papillas para darle un sabor más agradable, sin embargo, la lactancia materna siguió siendo el principal alimento.

Es por ello que, si tienes la posibilidad de dar lactancia materna, **hazlo,** no solo llenarás de beneficios a tu bebé, sino que hasta recuperarás tu figura mucho antes y eso, créeme, es una gran ayuda en un momento en el que ya no sabes ni quién eres. Volver a reconocer tu cuerpo, créeme, es realmente **importante.**

Y los lazos afectivos que crearás serán tan fuertes y maravillosos que, créeme, serás tú la que después no querrá dejarla.

Pero volviendo a las dificultades que nuestras participantes como testimonios presentaron, vemos que fueron complicaciones que seguramente venían acompañadas de un aprendizaje para cada una de ellas y así lo asumieron.

Por ello tú, mamá primeriza que me lees, si lo estás pasando mal los primeros días, te digo que **potencies tus poderes verde y rosa** y saques esa **valentía, amor y empatía** que llevas en tu interior. Permítete sentirlos, **fluye** y crea maravillas.

Este tema es muy amplio, es por ello que lo explico dentro del poder rosa, ya que no solo se encuentra con problemas físicos, sino emocionales, y será necesario tomar conciencia de que no solo necesitarás el **poder verde** para ser fuerte, **sino el rosa,** para poder entender mejor tu entorno y tu estado de ánimo.

Enfrentarse a críticas sobre cómo y cuándo y cuánto darás la lactancia no es fácil.

Por ello, será importante que seas consciente de tu fuerza y valentía que te da el poder verde y actives el **poder rosa,** para recibir ese amor incondicional que Dios te tiene y puedas sentirte abrazada en esos momentos.

Recuerda que lo que le funciona a la vecina no es lo mismo que te va a funcionar a ti.

Por esto es importante que conozcas **tu poder rosa,** lo actives y borres cualquier energía negativa hacia tu manera de criar que puedas estar percibiendo y que no te permita escucharte con claridad.

Debes escucharte y serte fiel como mujer, y ahora, como madre, no te falles y no le falles a tu bebé, que confía ciegamente en ti desde el momento en que se aventuró a venir a este mundo terrenal a través de ti.

Y ahora ha llegado el momento de que tomes **acción** y, si ya has decidido y estás dando lactancia materna o biberón, cualquiera que sea tu caso, ayúdame a normalizarlo.

Basta de madres dando pecho señaladas como delincuentes, basta de mamás dando biberón señaladas de igual manera, como malas madres.

Cada una tiene su propia historia y el poder rosa no discrimina, no juzga, el poder rosa es empático y se pone en tu lugar, y te llena de amor inagotable.

Y ahora te invito a que te hagas una foto y la publiques en tus redes sociales con el hashtag **#poderrosalactanciamp.**

Aquí te dejo la mía con mi hija cuando tenía un año.

Ayúdame a crear conciencia, comparte este amor tan grande para que el día de mañana, si tienes una hija o hay **más niñas** en tu familia, sobrinas, etc., no tengan que vivir escondidas y limitadas en esa cueva donde la sociedad nos quiere meter.

Somos mamás superpoderosas y tenemos el derecho a ser respetadas y de alimentar a nuestros bebés, tal como lo recomienda la OMS hasta, como mínimo, los dos años, o hasta que el bebé y la madre lo deseen.

CAPITULO 15

DETECTANDO EL PODER ROSA

Vamos allá, pues bien, ya te comenté que el único poder que se activa automáticamente, de manera innata, es el **verde.**

Pero este no te sirve para enfrentarte a **tu entorno** más cercano. Tienes claro el daño que este tipo de situaciones generan y posiblemente las estás viviendo, aun tu hijo tenga cuarenta años. No importan las críticas de tu **entorno,** están ahí listas para salir a flote a la primera oportunidad.

Pues bien, voy a revelarte en mis siguientes páginas el mejor consejo que hayas recibido **nunca**. Pero recuerda que tener la información es importante, pero solo **hacerlo** es **efectivo.**

No seas una espectadora, **sé la protagonista y la heroína de tu vida.**

Recuerda que somos seres programados y, según nuestras creencias, cada uno de forma particular mantiene unas **creencias,** que una cosa es lo mejor y cualquier cosa que salga de lo que su mente acepta como **la verdad** es una amenaza.

¿Has notado cómo hay personas que matan por defender sus **creencias?**

Las personas que te puedan estar haciendo sentir mal en estos momentos lo hacen de manera inconsciente, dejan caer sus comentarios y opiniones muy a la ligera, porque ellos SÍ saben que no te buscan dañar.

Y salen de esa situación a los pocos segundos, mientras que tú que eres madre y te has sentido juzgada, incomprendida, y hasta muchas veces te hayas podido llegar a cuestionar si de verdad no te equivocas.

Tú sí que guardas en el fondo de tu corazón ese dolor que se ha creado y que, como no **actúes** para **cambiarlo,** seguirá ahí creándote una tormenta en un vaso de agua y empañando tu crianza, la cual no volverás a vivir al menos en esta vida.

Cada etapa es diferente e irrepetible, y no sería justo para ti ni para tu hijo/a o hijos no disfrutarla al máximo.

Ya que eres consciente de que son personas buenas, sí lo son, aunque ahora mismo el **ego** te esté susurrando al oído que son lo más parecido al archienemigo de **Batman:** el **Joker.**

La realidad es que son buenas personas porque tú lo mereces y, por tu bien, más vale que así lo creas y **decretes.**

Porque somos lo que pensamos.

"El camino más noble no es someter a los demás, sino perfeccionarse a uno mismo".

Sócrates.

La segunda es tomar consciencia de las creencias: si el comentario en cuestión te está provocando cualquier tipo de incomodidad, debes tener la sabiduría para ponerte en su **lugar,** es decir, practicar la **empatía.**

¿Qué quieres y deseas de estas personas? ¿Que te comprendan? ¿Que no te juzguen?

Recuerda tener primero claro aquello que deseas modificar, porque solo así podrás dirigir tu **atención y energía** a lo que **quieres** y no a lo contrario.

El hecho de **ponerte en el lugar del otro** abarca sumergirte de manera eficaz y rápida hacia el interior de la otra persona, si analizas, en el ejemplo anterior lo hice.

Dejo claro que la mamá está causándole una incomodidad a la hija, ahora que es madre, con ese comentario del té de manzanilla.

Sin embargo, agregué: "...debido a que ella lo vio hacerse durante **toda su vida** con aparente resultado".

Si tú activas tu **poder rosa** debes ser capaz de realizar este paso de manera rápida. Si yo puedo hacerlo, **tú también puedes.**

Recuerda que ahora eres **superpoderosa** y puedes lograr **milagros indescriptibles**.

Solo es cuestión de que **creas, tengas fe** y **tomes acción.**

Vamos allá, a cada persona, de tu familia o no, que esté generándote sentimientos negativos debes **combatirla.**

Recuerda que tu misión como mamá superpoderosa es la de vivir una crianza dentro del bienestar y la armonía, para que de este modo sea transmitido por tu hijo/a o todos los que tengas.

Vale, están detectadas, sabemos que **debemos activar nuestro poder rosa.**

¿Recuerdas el *ho'oponopono,* el método hawaiano para la resolución de problemas?

Si estás familiarizada con él, ya sabrás que es importante que apuntes **¡ya!**

Voy a hacerte una pequeña pincelada sobre este método, porque solo entendiéndolo podrás aplicarlo a tu favor dentro de **tu poder rosa.**

- Esta técnica fue creada por **Morrnah Simeona** y su principal intención, con esta técnica, fue la de pedir a la divinidad purificar nuestros errores de pensamiento y palabra.
- Así pues, su objetivo es atraer **paz interna**, ya que supone que al estar todos conectados, si cambias tú, cambia todo tu entorno.
- Es decir, **si cambias tú, cambia tu mundo.**

Por eso tan importante que seas tú quien haga estos ejercicios, porque solo así verás reflejados cambios importantes en **toda tu vida.**

Te lo intentaré explicar resumidamente, ya que este libro no lo dedicaré en su totalidad al tema.

Sin embargo, mi intención es dártelo a conocer o recordarte de su existencia, con la intención de que lo **practiques** y lo **uses a tu favor.** Recuerda que lo que queremos conseguir es que logres una crianza feliz.

Y esto no podrá ser si no eres tú la que así lo decide y, a base de la **fuerza del poder rosa,** te encontrarás aplicando está técnica.

Y, créeme, **funciona,** yo estuve pasando por una época realmente complicada con personas de mi entorno más cercano que, de pronto, pasaron de estar a mi favor a actuar totalmente en mi contra, ¡¡llegó un punto en que **toqué** fondo!!

Lloraba constantemente, tuve ansiedad y **altos niveles de estrés,** sin embargo, fue ahí cuando conocí este método que no solo me ayudó a solucionar estos problemas, sino que me dio una calidad de vida impresionante.

Ya que, al conocer su **poder,** lo empecé a practicar en toda mi vida. Creando así no solo **mi poder rosa,** sino **mi vida rosa.**

El *ho'oponopono* es una técnica antigua, por lo cual vemos reflejada su efectividad. Si no fuera tan buena, no hubiera podido **perdurar tanto en el tiempo**.

POR FAVOR, PERDÓNAME, TE AMO, GRACIAS.

Consiste en repetir palabras que son agradables, como las que tenemos de color rosa en el recuadro anterior en forma de mantra, y la finalidad es que, mientras vas haciendo estas repeticiones, vas **borrando** de tu subconsciente aquellas creencias negativas que puedas tener almacenadas, que son las que están creándote tu actual realidad.

Lo que vamos a conseguir es **liberarte** de tu responsabilidad.

Te preguntarás: ¿de qué responsabilidad estoy hablando?

Pues bien, este método sugiere que cada cosa que recibimos del exterior la estamos generando nosotros mismos.

Ya que el mundo es tan solo un reflejo de lo que hay en nuestro interior.

Para ser una mamá con uso del **poder rosa** efectivo, debes ser también una madre despierta.

Tienes que ser una mamá que **crea** su propio mundo, ya que el futuro tuyo y el de toda tu descendencia depende de ti.

Hay muchas personas hoy en día que están **despertando,** acercándose más y más al conocimiento que los lleva a tener un crecimiento personal más amplio y extenso.

Muchas otras están acercándose a la espiritualidad.

Estamos en un momento de cambio innegable, sin embargo, DIOS, tu divinidad, el universo, o como sea que le llames a esa energía llena de amor, sabes que te da siempre la fuerza y sabiduría de tu *ser.*

Dicen que nosotros estamos hechos a imagen y semejanza de Él.

Y a ti te ha dado **la prueba más verdadera** que existe, ya que has vivido en carne propia la creación de la vida.

Dime tú, ¿qué existe más grande que eso? **Nada.**

Pero esto conlleva consigo una gran responsabilidad y aprendizaje que tú tienes que **trabajar,** para poder llevar a cabo tu misión con éxito.

"El corazón de la madre es la escuela del niño".

Henry Ward Beecher.

Con esta frase de Henry Ward he querido recordarte que tu hijo/a no seguirá tu consejo, sino tu ejemplo.

Ahora tienes la oportunidad de expandir tu mente y activar tus poderes, que están dentro de ti, que son tuyos, que te pertenecen, y usarlos a tu favor para regalarle a tu hijo/a **tu mejor versión.**

Conviértete en esa mamá que te hubiera gustado tener, evita que tu hijo/a te vea decaída, él o ella solo merece lo mejor de ti.

CAPITULO 16

ACTIVANDO EL PODER ROSA

Primero te mostraré un caso de lo que **deberás evitar** ante una situación como las que hemos estado trabajando.

Ejemplo: estás por encontrarte con ese familiar criticón en veinte minutos y tú empiezas a decir "Seguro que hoy me vuelve a decir que la niña ya está grande para la lactancia y que la leche ya solo es agua". Llega el momento del encuentro y la ley de la atracción te lo **concede.** Y ahí, delante de tus ojos, tu familia repitiendo los diálogos y haciendo las muecas que **decretaste.**

Así funciona, tú, al dar por hecho que pasarías ese mal rato, lo haces una realidad porque **donde va la atención, va la energía.**

Por lo cual, debes **enfocarte** en lo que **quieres conseguir,** deja de darle **atención y energía** a lo que te molesta, porque solo estarás creando más de lo mismo y caerás en un círculo vicioso.

Por lo cual, si tú antes del encuentro activas tu **poder rosa,** te avanzarás a los hechos, no permitirás que sea tu mente condicionada la que determine tu vida. Serás tú la que lleve el guion y podrás **crear** sin límites.

Avánzate y hazte, desde el inicio hasta el final, una historia de la cual Walt Disney pudiera haber sentido envidia.

EJERCICIO

Ahora es momento de que **tomes papel y lápiz** y apuntes bien lo que tienes que prepararte para activar tu nuevo **superpoder rosa.**

Este ejercicio lo puedes hacer faltando pocos minutos del encuentro con estas personas que te están haciendo sentir mal, o bien puedes trabajarlo cada día antes de dormir, mediante una meditación.

A continuación voy a mostrarte las dos formas, recuerda que no basta con tener la información, debes **actuar**, sin ello estarías haciendo uso mínimo de todo tu **poder creador** que ya tienes, simplemente por el hecho de estar en este mundo.

Primera forma:

Volveremos a recrear el ejemplo anterior, en el cual faltan veinte minutos para el encuentro con alguien que usualmente te critica.

Esta vez evitarás tener cualquier tipo de pensamiento **obsesivo-negativo.**

Ahora imagínate que **cerca de tu corazón tienes un botón** del color que más te guste, no tiene por qué ser rosa.

Haz volar tu creatividad e imaginación y diséñalo lo más lindo posible. Si eres amante de la tecnología, puedes crear un botón digital precioso, con esa luz brillante que te llenará de bienestar.

Presiónalo y escucha el sonido de **activado.**

Sí, imagínate que al encenderse hace un sonido, puede ser algo gracioso, de esta forma ya inicias **alta vibración,** y vibraciones altas dominan a las inferiores.

Puedes incluso percibir cómo la luz rosa es muy brillante y te llena de **amor y empatía** hacia tus semejantes.

Si sigues todos estos pasos, verás cómo vas riendo mientras lo haces y empiezas a subir **vibración.**

La risa y el buen humor son infalibles para subir vibración.

Pues bien, ya está **encendido,** ahora nota cómo empieza a desprender una luz rosa que se va extendiendo por todo tu cuerpo y, allá donde toca, te va dotando de sus principales beneficios, que son los de **llenarte de amor** y **sentir la empatía.**

A partir de ahora tienes esas **dos virtudes** dentro de ti y no hay vuelta atrás.

No puedes esperar ya nada que no provenga del amor.

> A continuación empezarás a repetir, cual mantra, las palabras **"lo siento, perdóname, gracias, te amo".**

Estas palabras tienen la función de **borrar** cualquier conflicto anterior.

Con ellas estás dando permiso a tu divinidad, es decir, a la **energía creadora de amor,** de intervenir y borrar cualquier conflicto pasado con esta persona.

Repítelo varias veces, mientras vas sintiendo cómo el color rosa te envuelve con todo **su amor.**

La repetición será esencial para ver sus efectos, pero sobre todo **la fe.**

Incluso podrás cantarlo o tararearlo, yo, por ejemplo, suelo repetirlo como si cantara la canción **de la película *Titanic* en** instrumental. Es decir, puedes crear tu propio *ringtone*.

Déjate llevar y crea tu propia melodía.

Si eso no es lo tuyo, pues simplemente con el **poder de la palabra,** repitiéndolo y sintiendo cómo va cediendo a tu divinidad la resolución de ese conflicto, ya será más que suficiente.

La idea es que no se vuelva aburrido.

Venimos a este mundo a **aprender** y, dentro del camino de este aprendizaje, nos iremos encontrando diferentes pruebas.

En el camino de la mamá superpoderosa, verás que muchas veces no solo será la gente que te critique o la falta de ayuda la que te cause conflicto.

A veces será tu hijo/a o hijos/as quien te ponga diferentes pruebas.

El domingo pasado, mi marido y yo decidimos que queríamos ir a cenar fuera, nuestra hija de tres años en principio parecía agradarle la idea, sin embargo, ya cuando estábamos por llegar al restaurante, empezó a verbalizar que ella no quería comer ahí y no se bajaría incluso del coche.

Inmediatamente, como un **chispazo,** se me encendió **el poder rosa** que ya, al tener práctica, no hace falta ni que me lo piense.

De pronto, me vi en lo que quedaba de camino ese **color rosa,** cómo me envolvía mientras repetía las frases.

> "Lo siento, perdóname, gracias, te amo".

Cuando no estoy sola, suelo hacerlo solo pensando. Sin embargo, empecé a repetir las palabras una y otra vez en voz alta.

Mi marido me miró con asombro, e incluso bromeó con que éramos una familia un poco *loca*.

"Tengo una pregunta que a veces me tortura: ¿estoy loco yo o están locos los demás?".

Albert Einstein.

Pues bien, llegamos al restaurante y mi niña no solo accedió a bajarse contenta, sino que cenó todo lo que pidió y se divirtió tanto, al grado que después lo que nos costó fue convencerla de volver a casa.

No dudes ni un solo instante.

A continuación te compartiré una meditación que puedes realizar en cualquier momento del día.

Está pensada para ayudarte a potenciar tu **poder rosa,** para recibir los beneficios del amor y la empatía.

Con ella podrás eliminar conflictos o incomodidades que puedas estar presentando con cualquier persona en estos momentos.

Puedes **escuchar el audio** con el siguiente **código QR:**

MEDITACIÓN ROSA

Ponte cómoda, cierra los ojos y relájate.

Ahora repite:

"El rosa me relaja... Visualizo el rosa".

Siente tu respiración tranquila... en calma, muy tranquila... Muy relajada... con cada respiración más y más relajada...

Más y más descansada.

A continuación visualiza el color rosa del tono que a ti más te gusta.

Deja que el color rosa te envuelva y se expanda ante ti.

Ahora iniciaremos cinco respiraciones profundas, intentando llenarnos del amor y la empatía que este color nos regala.

1. Inhala y permite a tu cuerpo que entre esta luz rosa, y nota su calidez recorriendo tu cuerpo.

    Exhala y deja que se vaya cualquier tipo de duda o preocupación.

2. Inhala e invita a la luz rosa a esparcirse por todo tu interior. Exhala y suelta toda inseguridad.

3. Inhala, nota cada parte de tu cuerpo recibiendo el amor.

   Exhala y libera todos los pensamientos negativos.

4. Inhala y percibe tu cuerpo totalmente iluminado por este color rosa brillante. Nota su calidez.

   Exhala también el amor que hay dentro de ti y compártelo.

5. Inhala el amor que desprende este color rosa por todo tu cuerpo. Exhala la luz rosa que hay dentro de ti y nota esos destellos brillantes.

Está llena de amor dentro de ti, solo recibes y das amor.

A continuación ten un pensamiento con una persona a la que quieres mucho y de la cual siempre te has sentido comprendida, y con quien la relación simplemente es fácil.

Nota las sensaciones que percibes al pensar en esa persona. Nota ese amor y cariño que de forma natural sientes por él o ella. Recuerda algún momento agradable que hayan compartido.

Ahora, exprésale tu gratitud por estar siempre a tu lado, siente esa gratitud y esa empatía que él o ella te han mostrado.

Siente esa energía y guárdala dentro de ti.

Imagínate ahora mirándote frente a un espejo y piensa en una cualidad tuya que te gusta y que te haga sentir bien.

Felicítate por aquello que has hecho el día de hoy que te hace sentir bien, y agradécete por hacer siempre lo mejor que puedes.

Realiza este acto de empatía hacia ti mismo.

A continuación, proyecta en tu mente a esa persona con la cual tienes alguna dificultad en la actualidad.

Percibe en tu cuerpo las sensaciones de la falta de entendimiento, empatía, y nota en dónde se concentran.

Pregúntate: ¿qué cosa podrías llegar a tener en común con esta persona?

Él o ella tiene un cuerpo igual que tú, tiene sentimientos igual que tú, ha tenido alegrías y dolores en su vida, igual que tú.

Busca la felicidad, igual que tú. Quiere sentirse amado o amada, igual que tú.

Ahora, recordando aquellas sensaciones que has sentido previamente de empatía, trata de ofrecerle un poco de entendimiento a esta persona, a sus necesidades y a sus creencias que lo hacen o la hacen actuar de esta manera.

Piensa que es gracias a esto que actúa de esta manera y pregúntate si alguna vez has sentido tú o necesitado algo similar.

Si es así, ofrécele tu empatía.

A continuación, ayudarás a tu mente a abrirse, a sentir una empatía universal, sabemos que hay personas que están viviendo en la actualidad grandes dificultades a gran escala.

Imagina a esos seres que son distintos a ti en apariencia, e intenta imaginar lo que podrían estar sintiendo.

Extiéndeles tu empatía y envíales un deseo de buena voluntad, percibe cómo de ti sale la luz rosa y viaja hacia ellos con todo tu amor.

A continuación crea un nuevo deseo de amor y empatía hacia esa persona con la que tienes la dificultad, y envíale un mensaje de entendimiento y empatía. Nota cómo sale de ti ese mensaje en forma de la luz rosa.

Puedes ver cómo él o ella lo recibe, y nota cómo esa persona se llena de amor y de agradecimiento hacia ti.

A partir de ahora han establecido una empatía que los llevará a un mayor entendimiento.

Ahora da las gracias a tu poder rosa interior por este momento mágico.

Poco a poco abre tus ojos, conservando todos los beneficios conscientes e inconscientes que ese ejercicio te ha aportado.

Una vez finalizada la meditación rosa, recuerda repetir el mantra.

CAPITULO 17

EL PODER AZUL, CLARIFICADOR MENTAL

Una cosa importante para tener éxito en tu camino hacia una crianza feliz será el de tener **claridad mental,** porque la claridad mental te lleva a dirigir toda la energía hacia lo importante.

Ver las cosas de manera más sencilla y simplificada te aportará gran claridad mental, y la claridad mental te facilitará tomar decisiones, ser resolutiva o tener foco, entre otras cosas.

La claridad mental es **fuerza para el cerebro**.

Ahora te preguntarás: "Vale, Diany, entiendo el punto, pero ¿cómo sé si estoy actuando con claridad mental?".

Pues bien, sabrás que estás actuando con ella si te ves teniendo habilidad para no dejarte arrastrar por el entorno y demuestras tener pensamiento propio.

Desde el embarazo te verás en la necesidad de tomar diferentes decisiones, y verás cómo la gente de tu entorno más cercano empezará a darte consejos que muy probablemente sean pedidos por ti y, obviamente, muchos otros serán cortesía de la casa.

Cuando estás iniciándote en este camino de ser mamá, las dudas empiezan a acrecentarse y, en nuestra actualidad, las madres nos vemos bombardeadas de tanta información, que muy probablemente acabarás quedando muchas veces peor que antes de buscarla.

Por ello debes recordar que tu cuerpo es diferente, que tú eres especial y que tu bebé te ha escogido porque sabe que eres tú y nadie más quien reúne las características esenciales para aportarle lo que necesita.

Por lo cual, será importante que mantengas la confianza y seguridad en ti misma y no te agobies dudando.

Para ello te enseñaré a activar tu **poder azul,** el cual te otorga la sabiduría necesaria para tomar las decisiones más indicadas, incluso cuando el resultado parezca determinar lo contario, no lo será.

Tú siempre tendrás la respuesta a todas las dudas y miedos dentro de ti, solo debes aprender a escucharla.

Como hemos ido haciendo a lo largo de este libro, iremos analizando primero las diferentes dificultades que se te podrán presentar, antes de mostrarte al **poder azul** en todo su esplendor y cómo usarlo.

Ya que es de gran importancia que primero tengas claros los momentos en los que te servirá, de manera que pueda ayudarte.

BABY BRAIN

Ahora bien, debes tener en cuenta que parte de los principales cambios a los que muy probablemente te tengas que enfrentar, al inicio de tu sendero por la maternidad, será el fenómeno conocido como el ***baby brain.***

La doctora María Noelia Pontello, del departamento de Neuropsiquiatría de INECO, explica que el *baby brain* es un estado que describen muchas mujeres durante el embarazo, caracterizado por **falta de claridad mental** y olvidos menores.

Cuatro de cada cinco lo reportan en distintos grados de compromiso. Los cambios son poco visibles y suelen notarlos solo las mujeres que lo padecen.

Las mujeres embarazadas o madres primerizas tienen puesta toda su atención en ese bebé que está por nacer o acaba de hacerlo.

La maternidad constituye un cambio vital en la mujer y es razonable que esta explosión de vida, que ya no es solo la propia, sino la de alguien más que también depende de ti, provoque una revolución en tu cerebro.

Veamos a ciencia cierta qué ocurre.

Esta reducción en la rapidez mental podría ser parte de un proceso natural llamado *pruning,* que significa **'podar'**, es decir, que estaríamos delante de una podada de algunas neuronas que se da en momentos clave.

Es decir, se pierde materia gris como parte de una programación propia del cerebro para poder lidiar con el futuro, para poder reconocer las necesidades de tu hijo y, en definitiva, para **aumentar la empatía en general con el mundo que nos rodea**.

Se trata de una especie de **adaptación** que te ayudará a ser más eficiente y paciente frente a la sociedad.

Por todo esto, es normal que muchas veces sientas enormes dudas sobre tus propias decisiones.

Principales miedos y decisiones.

En el camino de la crianza feliz encontrarás muchas oportunidades, en las cuales debes tomar decisiones.

Algunas serán muy rápidas de tomar y no te supondrán gran esfuerzo mental, físico o emocional.

Sin embargo, habrá otras en las cuales, si pudieras hacer todo basada en un estudio científico para comprobar los múltiples beneficios que tu decisión tendrá, **lo harías.**

Cabe destacar que tu entorno, así como se ha sentido con el derecho de opinar en la forma en la que llevas tu crianza, también se sentirá muy seguro de querer no solo aconsejarte, sino **decidir** por ti en algunas decisiones.

Esto puede suponer otra batalla campal, de la cual solo podrás escapar corriendo si no **activas** inmediatamente el **poder azul.**

Desde que nace el bebé hasta que se hace mayor de edad y puede decidir por sí mismo, tu hijo/a o hijos se verán afectados por las decisiones que tomen como padres.

LACTANCIA MATERNA O ARTIFICIAL

Este tema ya se ha tocado, sin embargo, será una de las primeras decisiones que tendrás que tomar de forma rápida y eficaz.

No dudes, no importa lo que te diga tu entorno, lo que tú decidas y elijas será la mejor decisión. Recuerda que la que lo vivirá cada momento serás únicamente tú.

Nadie vendrá ni a dar el pecho ni a prepararte el biberón por ti, a menos que seas la reencarnación de **Sissi, la emperatriz de Austria**, a la cual al nacer sus hijos se los quitaban para ser amamantados por la servidumbre, porque no estaba dentro del protocolo.

Así es, a mediados del siglo XIX, prácticamente ninguna mujer de la realeza, aristocracia o alta burguesía daba de mamar a sus hijos, no estaba bien visto.

Como dato curioso, la reina Victoria Eugenia, mujer de Alfonso XIII, intentó amamantar a su primogénito, el infante Alfonso, y a pesar de que el pueblo lo vio con simpatía, tuvo que dejarlo debido a las presiones que sufrió de la propia corte.

Poco antes de la fecha del parto se elegía al ama de cría y no era fácil, ya que había que hacer una cuidada selección.

> Así es que ya sabes, si este no es tu caso, nadie lo hará por ti. Por lo cual, deberás activar tu **poder azul** para tomar una decisión rápida y efectiva.

De igual manera, recuerda que lo ideal es la lactancia materna.

> La lactancia materna óptima de los lactantes menores de dos años de edad tiene más repercusiones potenciales sobre la supervivencia de los niños que cualquier otra intervención preventiva.
>
> Puede evitar 1,4 millones de muertes de niños menores de cinco años en el mundo en desarrollo (*The Lancet*, 2008).
>
> Los resultados de un estudio realizado en Ghana demuestran que amamantar a los bebés, durante la primera hora de nacimiento, puede prevenir el 22 % de las muertes neonatales.

LA DURACIÓN DE LACTANCIA

¿Otra vez la lactancia?

Seguramente pensarás: "Pero, Diany, que ya me has hablado del temita desde que inicia el **poder verde**, pasando por el **rosa,** en el cual hablamos de las diferentes críticas a las que las madres estamos expuestas".

Ya hemos visto también que será decisión solo tuya entrar en este mundo, y sus beneficios y consecuencias.

Sin embargo, ¿qué crees?

Que tal como se tocó en el **poder rosa,** la gente empezará a presionarte para terminarla.

Algunos, desde mucho tiempo antes de los dos años, ya que en la época de los *picapiedras* se hacía así con excelentes resultados.

La realidad es que descubrirás que el tiempo vuela y, de pronto, podrías encontrarte con tu bebé de uno, dos, tres, cuatro o más años, y no sepas hasta cuándo será el momento ideal.

Pues bien, sería mucho mejor que la noticia que voy a darte la tomes sentada.

> El ser humano podría tomar lactancia materna hasta los doce años sin ningún problema y dentro de parámetros de perfecta normalidad.

Así que si Chuchita empieza a presionarte desde los tres meses, vele diciendo que se lo tome con calma.

Ahora bien, la realidad es que tú y tu bebé marcarán el final en conjunto.

Bajo mi experiencia personal, no quise quitársela hasta salir de la guardería, ya que esta es un foco de enfermedades primeras de muchos niños y niñas.

Aún recuerdo cuando fui a la entrevista con la profesora de mi hija y esta me dijo: **"Tenemos de todo, conjuntivitis, otitis, gastroenteritis". Y agregó: "Ah, y piojos también hay alguno que otro que los trae"**.

Obviamente eso no ayudó mucho a transmitirme tranquilidad a corto plazo, sin embargo, la gran sinceridad de esta profesora me ayudó mucho a hacerme una idea de lo que me podría esperar.

¡La lactancia materna fue entonces mi mejor aliada!

Muy difícilmente mi hija cogió alguna enfermedad y, si lo hacía, no era de manera fuerte, sino que lo llevaba bastante bien.

Por este motivo no intenté siquiera quitársela antes de los dos años. Ahora bien, sin darme cuenta, llegamos a los tres, el verano se acercaba y su nuevo *cole de niños grandes*, como ella lo llama, la esperará en septiembre.

Mientras escribo estas líneas me encuentro en este verano y quiero compartirte, amada lectora, que llevo cinco días que no toma pecho.

Así, como por arte de magia, un buen día aprendió a dormirse solita y yo, maravillada, estoy viéndola crecer.

Pues bien, aún no canto **victoria**. Pero lo cierto es que el final se está acercando y, como buena **supermamá poderosa,** no pienso dar pasos hacia atrás.

Hemos iniciado **el adiós** a esta etapa que disfruté con el **alma.** Es importante para mí apoyarla y ayudarla.

¿Cómo lo hago?

Pues bien, a su edad ella buscaba la teta solo para sentir una parte afectiva, ya que la parte de nutrición hace tiempo que la hace a través de alimentos sólidos y leche de vaca.

Ella no usó chupete, por lo cual prácticamente su chupete era yo.

Ahora intento ofrecerle mis abrazos, incluso mi esposo está siendo un gran apoyo en este aspecto, ya que cuando la ve insistente la llama, la abraza y se duermen juntos.

Una vez dormida la coloco en su cuna, ya que ella suele dormir en su cuna dentro de nuestra misma habitación.

Pues bien, te he querido compartir mi experiencia del final, primero, porque lo estoy viviendo en este instante de la creación de este libro, que espero con el corazón que te sea de gran ayuda para que logres una crianza feliz.

Y, segundo, para que veas cómo dejar de ofrecer lactancia materna puede ser una experiencia **progresiva y pacífica,** llena **de amor y comprensión.**

Cabe destacar que el apoyo, en mi caso de mi marido, es **esencial.**

Ya que, como te comenté, solo es hacer un intercambio de manera de darnos afecto.

Así que no tengas prisa y disfruta de ese maravilloso momento.

Nunca será ni demasiado poco ni bastante.

Nuevamente, esta será otra decisión que tomarás de manera acertada, **no lo dudes.**

GUARDERÍA: ¿SÍ O NO?

Te permito ir a por palomitas y refresco.

Siéntate y ponte cómoda porque, como te estés planteando llevarlo/a o no a la guardería, te criticarán, SÍ, SEÑOR, que para esto está la gente hoy en día, faltaría más.

Aún recuerdo que, al nacer mi hija, una amiga me preguntó si la llevaría. Yo le dije que bueno, que yo estudié Educación Infantil de cero a tres años y que sé que la guardería es un lugar muy beneficioso para los niños.

Sin embargo, mi experiencia trabajando en ellas me decía, **fuerte y claro,** que si yo cuando trabajaba por épocas en alguna de ellas, siempre cogía una enfermedad y sabía que los niños pillaban todo también. Pues, como madre, me daba **terror** llevar a mi hija a un lugar donde era **seguro** que empezaría a enfermarse.

Recordemos que se oye muy bonito y fantástico cuando escuchas a alguien decir: **"Las enfermedades de guardería inmunizan a los niños y niñas".**

Sin embargo, mientras esos niños que la pasan mal no sean los tuyos, todo está bien.

Finalmente, yo en mi caso decidí quedarme con ella en casa todo el primer año.

Lo cual me supuso, todo el primer año, escuchar algunos comentarios del entorno insinuando que mi niña necesitaba jugar con más niños y aprender a compartir…

Cosas que realmente no necesitan los niños antes de los dos años, que es cuando salen del **juego en solitario e inician el juego cooperativo y la etapa del juego simbólico.**

Tengo que decir que es verdad que ese primer año no noté que mi niña necesitara compañía más que de mí, su mamá.

Yo lo tenía muy claro, sobre todo teniendo en cuenta que no tenía que acudir a trabajar.

> Por ello debes recordar que, tomes la decisión que tomes, será la más adecuada.

A continuación te muestro lo que nos comentaron nuestras participantes como testimonios al respecto.

- "No usé guardería, no tenía otra opción que andar con mis hijos para todos lados con ellos, yo para poder con los dos tenía que usar un rebozo para cargar a la bebé al frente y la mochila ergonómica para mi niño de dos años a la espalda (lo cargaba por inquieto y le encantaba salir corriendo)".

Rosa.

- "No lo llevé a guardería y cuando necesité ayuda recurrí a amigas, fueron pocas veces, en una a los tres meses me acompañó a trabajar, era de empresa".

Claudia.

- "Como ya comenté, no tenía a nadie que me ayudara con el cuidado de mi hija y llegó un momento en que me di cuenta de que me estaba afectando el no tener tiempo para mí, al grado que yo ya no le estaba dando lo mejor a ella, me enfadaba y le gritaba, y eso me hizo darme cuenta de que algo tenía que cambiar.

    »Ya no tenía energía, no podía dar más. Así que decidí meterla a la guardería, y otra razón era por si en la noche no tenía tiempo para dormir".

Elena.

- "No necesité llevarla a la guardería debido a que me puse a trabajar para sacar adelante a mi familia y mi madre me ayudaba cuidándola, hicimos equipo de esta manera".

Paula.

❖ "La suerte de que con los dos primeros tenía a mis padres y con la tercera estaba su papá en casa, pero lo pasé muy mal el separarme de ellos unas horas.

»Los llevé a los dos años y sí, sentía como si los abandonara allí, pero veía que ellos se quedaban tan a gusto que me facilitaron bastante la faena".

Ana María.

Como puedes, ver cada una tuvo diferentes razones para hacerlo o no, una vez hayas activado tu **poder azul,** lo verás muy claro y tomarás las decisiones basadas en tus propias circunstancias y en tu bebé.

Recordemos que no funcionará igual a tu bebé lo que le funcionó a Paquita, la vecina. Tú le conoces mejor que nadie, tú te conoces y sabes qué tipo de educación y cuidados estás dispuesta a ofrecer.

Que nadie te haga dudar, deberás ser clara en este aspecto.

Finalmente te cuento que, en mi caso, me salió un trabajo inesperado que me hizo correr a los dieciocho meses de mi niña a buscar una guardería. Yo me encontraba con un **poder azul bajo,** pues dudaba de si era una decisión acertada, estaba **llena de miedos.**

Sin embargo, tal como te comenté al principio, cuando más ofuscada me sentí, me inicié en el estudio de técnicas de autoayuda y crecimiento personal.

Ahí, en ese momento en el que toqué fondo, fue cuando descubrí y conocí por primera vez **el poder azul,** es decir, obtuve **claridad mental.**

Pude ver que mis miedos solo existían dentro de mí y que todos estaban basados en teorías negativas, **provenían del ego y no del *ser*.**

Es por ello que, cuando entendí que el poder de crear mi realidad lo tenía yo, decidí que cada decisión tomada sería acertada, y daba gracias y así la aceptaba.

Entonces confié, tuve fe y todo fue maravillosamente bien.

Es mi obligación decirte que, lejos de lo que yo me pensaba, mi niña disfrutó mucho de la compañía de otros niños de su edad, es decir, desde los dieciocho meses que empezó a acudir a la guardería.

Su vocabulario empezó a ampliarse, yo la llevaba a clases de inglés un día a la semana con bebés de su edad, lo cual le ayudaba ligeramente, sin embargo, estaba aún muy apegada a mí.

Y no, eso no es malo para nada, lo más normal del mundo es que una bebé esté con su mamá, ¿no crees?

Pero aun así no fue hasta que inició la guardería que empezó realmente a disfrutar y su timidez empezó a quedar atrás.

Cada día se iba al cole con una sonrisa.

Entonces comprendí que este era el momento adecuado, no antes cuando el entorno me lo exigía, sino el momento en el cual lo hice. Ese fue tan perfecto y acertado, y no fue suerte, fue solo que caminé con **fe certera.**

Incluso te diré más, te confesaré otro de mis miedos de esa etapa.

Pues bien, yo no quería **bajo ningún motivo comer lejos de ella,** pensaba que era un momento único y especial, nuestro, y ¿sabes qué? **Era especial solo para mí.**

Un buen día la tuve que dejar a comer en la guardería porque no venía bien por el trabajo, y yo sufría inmensamente con el hecho de que la fueran a obligar a terminarse el plato...

Teniendo en cuenta que no es aconsejable obligarlos, pues se les puede crear un momento desagradable a la hora de comer y era un gran miedo que yo tenía.

Yo vengo de una familia mexicana y, en la época de mi infancia, se utilizaba como gran recurso la violencia física o verbal.

Incluso hasta en esta época actual, aún veo que la cultura mexicana usa *memes*, o bien para insinuar que los padres que no golpean o castigan a sus hijos serán unos delincuentes, o bien riéndose y aceptando con agrado haber sido golpeados y maltratados.

Pues bien, en el momento de comer, si daba la casualidad de que la comida no era de mi agrado, pues no me iba nada bien, muchas veces se me castigaban sin poderme levantar durante horas hasta que me terminara el plato.

Así que, cuando yo veía que se acercaba el momento de comer, empezaba a tener ansiedad porque sabía que, como no me gustara la comida del día, lo pasaría mal, ya fuera por regaños o bien por el castigo de quedarme hasta terminar el plato.

Esto me ocasionó que relacionara el momento de la comida con algo horrible y, obviamente, no ayudó en nada a que me alimentara más.

También, tal como ya he comentado antes, soy seguidora de algunos nutricionistas como **Julio Basulto,** el cual reiteradamente hace publicaciones en las que deja claro que no debemos obligar a los niños a comer, que hay que respetarlos.

Y respetarlos incluye respetar su apetito, porque este nos indica lo que su cuerpo necesita en este momento.

Y quizá si el niño quiere más pasta que verdura, será porque ahora mismo para su crecimiento la necesite más.

Y no pasa nada, no hay prisa.

Le creo porque, tal como he comentado anteriormente, en mi caso las amenazas no funcionaron, sino todo lo contrario.

Y, sin embargo, ya de adulta he podido aprender a comer sanamente, por lo cual **no tengas prisa.**

Por todo esto, yo tenía ese miedo de que mi niña comiera en la guardería, recordaba a mis excompañeras obligándoles a comer todo el plato e incluso sintiéndose excelentes educadoras porque lo conseguían.

Y esto no me gustaba, ya que está comprobado que enseñar a los niños a terminarse el plato, si no tienen hambre, puede ser causante de que el niño/a termine

padeciendo obesidad, pues se acostumbrará a comer sin hambre.

Sin embargo, ese día que se tuvo que quedar a comer con sus compañeros del cole, me encontré con una niña que me exigió comer desde ese día con sus compañeros cada día.

Y no tuve más remedio que hacerlo. Ya que ella me escogió como su madre y mi deber de madre es guiarla y apoyarla.

Aquí es donde te digo, por experiencia propia, que realmente te aconsejo que lo pruebes y, sobre todo, tengas **fe certera** de que todo estará bien.

Es importante para mí dejarte esto claro, ya que tal como comenté en el capítulo del **poder rosa,** existen profesoras que te harán comentarios que no tocan como parte de tu nuevo papel de mamá, la sociedad crea unas normas dentro de las cuales todos participamos.

De hecho, si los educadores no lo hicieran, no sería tan normal. Ya que es su deber como ciudadanos y educadores del centro en el que acuden tus hijos el de ver que se cumplan unos mínimos de cuidado.

Sin embargo, la sociedad lo tiene tan asumido que se creen todos con el derecho de criticar hasta el mínimo detalle cosas que realmente no son importantes.

Es por ello que en el **poder rosa** trabajamos cómo tener esta empatía, para que los comentarios sin fundamento no te afecten.

Nuevamente te he compartido mi experiencia para que, si estás en el proceso de esta decisión, sepas que si activas tu poder azul y tomas tu decisión con certeza de que es lo mejor, así será.

Cabe destacar que, tal como yo siempre digo, **cosechas lo que siembras,** y en mi caso no suelo atraer estos problemas, ya que **mi fe es más grande que los problemas**.

Y, en mi caso, la profesora me ayudó muchísimo en esa etapa y eso es una gran bendición.

Y bien, ¿hacía yo alguna cosa especial?

Pues **¡sí!**

Cada día sin excepción bendecía.

Toma papel y lápiz que esto te interesa.

Vamos a activar el poder azul especialmente para ese momento del día. Este no solo te proporcionará claridad mental para llevar a cabo tu misión, sino que te proporcionará una **fe, paz** y tranquilidad inigualables.

Recuerda que con las técnicas que te presento puedes reírte y decir "**Menuda tontería**". Sin embargo, yo **obtuve** y tengo **grandes resultados.**

Así que recuerda que tu deber como mamá es **actuar**, estar dudando no te lleva a ningún lado. ¿Qué puedes perder?

Si lo intentas, verás tu vida totalmente transformada y bendecida.

Bendecirás a tu hijo/a de por vida, regalándole tu mejor versión.

Recuerda: los hijos no hacen lo que dices, hacen lo que haces.

"La pereza puede parecer atractiva, pero el trabajo da satisfacción".

Anne Frank.

EJERCICIO: UN COLE FELIZ

Todos los días, al despertar, decreta que tu hijo/a despertará con ganas de ir al cole y, una vez lo hayas dejado, hayas ido a pie o en coche, repite las siguientes afirmaciones.

Bendigo el colegio tal.

_____

Aquí el nombre del colegio.

Bendigo a la profesora o profesor tal.

_____

Aquí nombre.

Bendigo a todos los profesores y personal del colegio tal.

_____

Aquí nombre del colegio.

Bendigo a todos los niños del colegio tal.

_____

Que el día de hoy disfrutarán de un día maravilloso lleno de armonía.

Agradezco porque sé que así será.

GRACIAS, GRACIAS, GRACIAS.

Pues bien, si haces esto cada mañana como un ritual, verás las bendiciones aparecer en tu vida.

Yo lo apliqué cada día sin excepción.

Si tu decisión fue, como el de muchas de nuestras participantes, quedarte con el bebé en casa, estoy segura de que eso es lo más correcto, sin embargo, desde aquí recibe mi más sincera admiración.

Debes saber que quedarte en casa con tu hijo/a es mucho más pesado que ir a trabajar.

En mi caso, tenía un trabajo de media jornada que me ayudó a **volverme a encontrar conmigo misma,** a reconocerme y a volver a casa con energía y ganas de ofrecerle lo mejor a mi niña.

Así es que, si optas por quedarte en casa, lo que sí te aconsejo es que procures que acuda a actividades donde, de igual manera, se relacione con niños y niñas, así como que pueda servirte a ti como un pequeño momento de recargar pilas.

CAPÍTULO 18

HOME SCHOOLING

Y hablando de mamás que optan por quedarse en casa, ¿has escuchado sobre hacer *home schooling*?

Nuestra participante **Claudia** lo hace desde hace ya cuatro años y medio.

Veamos un poco qué es y luego analicemos lo que nos explica al respecto.

Es de gran importancia conocer las diferentes maneras de educación que existen, ya que nunca se sabe en qué momento lo puedes necesitar, además, recuerda que adquirir más información te vuelve más empática con tu entorno.

Todos estamos conectados y lo que hace tu prójimo te afecta, lo quieras ver o no.

El *home schooling*, ¿qué es?

También conocido como **educación en familia,** es una opción educativa a la que cada vez optan más personas en todo el mundo.

Los padres deciden educar a los hijos fuera de las instituciones educativas, tanto públicas como privadas.

Las razones son diversas, aunque la principal razón es la de estar en desacuerdo con el modelo tradicional de enseñanza que se oferta en el sistema educativo y buscar una forma de aprendizaje innovadora.

La gran pregunta que se nos viene a la cabeza, cuando hablamos de este tipo de educación, es: ¿pero y los niños alcanzan un nivel educativo adecuado? ¿No necesitan de otros niños de su edad para favorecer la socialización?

Eso obviamente dependerá solo de los padres y de la manera de presentar los contenidos. Hay padres que siguen un calendario similar al que ofrecen en las escuelas, por lo que el ritmo que siguen los niños es igual que los que están escolarizados.

Pero lo realmente preocupante no es lo que verán en casa, sino la incomprensión que existe en la sociedad por este tipo de educación.

Lo más normal cuando oímos hablar de educar en casa es que la primera reacción sea criticarlo, pero paremos un poco a reflexionar.

¿Realmente todos los alumnos que estudian en un sistema educativo formal tienen éxito?

Quizá solo necesite un voto de confianza para ver si funciona.

En el caso de España, la legislación vigente establece que la educación debe ejercerse en centros homologados, siendo obligatoria hasta los dieciséis años, aunque la ley no prohíbe de manera explícita el **home schooling.**

En países como Francia, Italia, Irlanda, Australia o Estados Unidos, esta práctica está regulada y son miles las familias que optan por educar a sus hijos en casa con métodos innovadores.

Sea cual sea la decisión que tomes, lo primordial será tener en cuenta las necesidades y deseos de los niños, ya que son ellos mismos los que van a construir su futuro y a tomar las decisiones que marcarán su vida.

Apoyemos una educación igualitaria para todos, sea en un aula de una escuela o en una habitación en casa, debemos facilitar a esos niños y jóvenes un certificado académico y una tranquilidad para incorporarse al sistema de enseñanza formal y, como no, al sistema laboral.

Te comparto a continuación un vídeo incluido dentro de un **documental sobre el *home schooling***, donde la doctora **Madalen Goiria,** autora de la tesis doctoral *La opción de educar en casa*, habla sobre esta opción educativa.

Puedes entrar con el código siguiente:

Ahora veamos lo que nos cuenta **Claudia,** basada en su experiencia. Cabe destacar que ella vive en Ciudad de México.

"Cuando mi hijo tenía casi tres años, muy a mi pesar fui a realizar los trámites que ese año comenzaron a ser obligatorios.

»¿Por qué a mi pesar? Porque yo había decidido que mi hijo no iría a la escuela hasta los cuatro. Sin embargo, le di mucha estimulación desde bebé en casa: juegos didácticos, canciones, instrumentos, y ayudarme en mi trabajo como fotógrafa (sesiones de fotos increíblemente estimulantes para él y de aprendizaje).

»Total, después de ir a ver escuelas, tanto particulares como públicas, en las privadas me dijeron que lo veían avanzado para la edad y que, si era posible que me lo quedara un año más, lo hiciera (sus comentarios fueron que el kínder se había hecho para niños con papás que trabajan o mamás que sentían que necesitaban su espacio y tiempo, sentirse libres por horas).

»Me comentaron que, al saberse cosas tanto en español como en inglés, se terminaría aburriendo. Las mismas evaluaciones de ellas arrojaron que era un niño inteligente, atento, sociable y compartido. Que al ser hijo único siempre se esperan cosas contrarias como ser retraídos, más lentos en algunas cosas, y cero compartidos o muy consentidos.

»Total, visité dos escuelas públicas más y ahí fue que me dijeron que sí lo recibían, aunque estuviera adelantado. Así que analicé, al llegar a casa con su papá, y dije: «No va, iniciaremos un home schooling y sobre la marcha veremos».

»Y así nos fuimos de los tres a los cuatro y de los cuatro hasta ahora ya casi cinco. Lo hicimos por medio de guías, hay varias plataformas donde pagas y *llevan guías mensuales, como en la escuela, unas te certifican con escuelas en EU y otras no necesita certificación. También hay guías gratuitas (hoy ya hay más grupos y plataformas)".*

De esta forma nos explica cómo la situación que se le presentó reforzó más la idea que ella quería.

Creo de gran importancia señalarte que observes un detalle.

Claudia nos comenta que ella tomó la decisión de llevar a su hijo a una escuela convencional hasta los cuatro años desde un principio.

Si has llegado hasta aquí en tu lectura, seguramente puedes reconocer su **poder azul** como la ayuda a que cree ella misma su propia realidad.

Por supuesto que encontró quien le reforzara sus creencias internas. La decisión la tomó hace mucho tiempo y ahora su mundo físico simplemente la obedece.

Incluso si analizas, verás cómo comenta que sí encontró no una, sino dos escuelas en las que se lo aceptaban.

Pero ella solo aceptó las que coinciden con su patrón de creencias, aquellas donde le dijeron que lo que estaba haciendo hasta ahora era magnifico para su hijo, y fue lo que siguió tomando.

Te quiero hacer ver esto para que puedas darte cuenta de cómo no importa lo que el entorno te diga, ni que te quiebres la cabeza sufriendo por equivocarte.

Tu poder azul es el que Dios te otorgó para tomar las decisiones adecuadas al aprendizaje que tu hijo necesita.

Permíteme hablarte en un término más espiritual, no tengo idea de cuál sea tu condición ideológica, si crees en Dios, si crees en el universo, en los extraterrestres. En lo que tú creas, para mí es respetable.

Lo innegable aquí es que somos energía y que estamos en este mundo terrenal para obtener un aprendizaje.

La famosa hipnoterapeuta, autora del libro **Las tres oleadas de voluntarios para una nueva tierra** y conferencista internacional, nos dejó una gran información en varios de sus libros y conferencias.

Ella explicaba que las personas, cuando decidimos venir a este mundo, escogemos a las personas de nuestro círculo más cercano para interpretar diferentes roles.

Y, de esta manera, puedan obtener el aprendizaje necesario para la evolución. Contaba que si este aprendizaje no era superado en una vida, entonces se volvía con las mismas personas y esta vez interpretaban diferentes papeles, como si se representara una obra de teatro, para ver si esta vez sí se obtenía.

Pues bien, **el *ho'oponopono*** también habla de lo mismo, de la idea de que las personas que tenemos alrededor son las indicadas por sus características, y serán estas las que necesitamos y no otras.

Ahora me dirás: ¿qué tiene que ver todo esto con que tú seas mamá?

Tiene que ver todo.

> Si tú eres consciente de que tu hijo/a te ha escogido porque solo tú le puedes dar ese aprendizaje que necesita, no hace falta que sufras pensando si tu decisión será la más adecuada, y mucho menos que te compares.

Como hemos visto en el caso de Claudia, te puedo garantizar que **la gran mayoría** de su entorno la critica por esta decisión.

¿Sabes por qué pasa? Pues porque de momento esta manera de educar es una **minoría,** y lo más normal es que tanto ella como su hijo van a tener que luchar **mucho** para demostrar que tenían razón.

Pero la realidad es que **la tienen,** y tú que la quieres llevar a la guardería, al parvulario, etc., **también la tienes.**

El hijo de **Claudia,** por ejemplo, la ha escogido porque sabía que ella le daría esto.

Es parte de su aprendizaje de vida y, en el futuro, ellos lo entenderán mejor. Nosotros los espectadores sinceramente no hace falta que lo entendamos.

Tú solo debes centrarte en ti y en lo que tú crees que es lo mejor, y eso será **lo mejor.**

Claudia también nos ha querido compartir algunos miedos que tenía antes de intentarlo.

Vamos a ver cuáles eran y posteriormente los analizaremos.

"De los miedos que tenía a que entrara en las escuelas, era porque mi hijo aún no dejaba el pañal. Y aquí había comenzado la prohibición de ayudar a los niños hasta en eso.

»*Adicional a que incrementaban las noticias de abusos sexuales en los kínder. No de uno, sino de hasta dieciocho niños por escuela.*

»*Los robos de tantos niños saliendo de las escuelas, y que no había escuela que cumpliera con mis expectativas. Ni privada ni pública.*

»*Agrego lo de septiembre del 2017, el sismo. Hubo escuelas afectadas que pagaban para que liberaran las escuelas y las declararan aptas para seguir operando".*

Pues bien, vemos también que su decisión fue respaldada por estos miedos, es decir, cosas negativas que ella quería evitarle a su hijo.

Vemos aquí también cómo, si lo miras desde fuera, es muy fácil criticarla por tomar una decisión diferente, sin embargo, ¿quién quiere ponerse en su lugar?

Realmente para ella, en estos momentos de inseguridad que está viviendo en su país, ha tenido que escuchar a su **poder azul** más que nunca.

Recordemos que es separada y se encarga sola de su hijo, por lo cual, lo más sencillo para ella sería ir a dejarlo a una escuela normal y no complicarse.

Sin embargo, encontramos a una mujer que se siente insegura en su propio país y que intenta como una leona defender a su hijo.

Es por ello que, mientras ella lo tenga claro, debe seguir firme en sus decisiones.

Llegará el día en que su **poder azul,** aquel que nos transmite lo que debemos hacer en el momento indicado, le indicará que ha llegado el momento de confiar más, de soltar más, y entonces ella lo hará.

Mi intención, dándote a conocer el **poder azul,** es la de transmitirte **confianza en tu poder de decisión.**

Obviamente esta la tomarás en conjunto con el padre, si es un padre comprometido con el bienestar de vuestro hijo/a.

Pero tú debes confiar en ti y, sea cual sea la decisión que ahora mismo puedas estar queriendo tomar sobre su bienestar, créeme, será la más indicada.

Claudia también nos ha compartido un poco de cómo prepara el *home schooling* y creo interesante que lo veas para que, si tu situación es extrema como su caso o simplemente tu interior te pide hacerlo, tengas una idea de cómo empezar.

- ❖ "En el grupo de *home schooling* en el que estoy hay una abogada que está al tanto de todo lo que sucede con el gobierno y las modificaciones en los artículos en educación.

    »Ella nos va poniendo al tanto de esas actualizaciones y pues mi idea es seguir por lo menos hasta que entre a tercero de Primaria. Ya que aquí en México la nueva ley, el artículo 3, indica que las escuelas no evaluarán ni primero ni segundo de primaria. Hasta tercero.

    »Para hacerlo se necesita paciencia, leer mucho acerca de cada etapa de cada niño, entenderla y ponerla en práctica, no todo el mundo puede hacer *home schooling*, no todos los niños son para la escuela y no todas las familias pueden ser familias Montessori".

    Claudia.

Bueno, pues ya has podido hacerte una idea de que educar a un hijo/a puede ser todo un mundo y, si no estás debidamente preparada física y mentalmente, lo puedes lamentar.

Lo que nos explica **Claudia** al final es muy cierto y ella lo sabe desde antes de adentrarse en ese mundo, su **poder azul** le ha ayudado a **aclararse mentalmente y a tener las ideas claras.**

Debes ser consciente de que estas son solo las primeras decisiones, y te seguirán muchas más.

Veamos qué nos cuentan nuestras participantes sobre este tema.

- ❖ "Yo tuve que hablar con mi esposo para que su familia dejara de meterse en la educación, pues en algunos momentos querían tomar ellos la decisión porque ellos saben más y a veces nos dejaban de lado, y decidimos que solo él y yo tomáramos decisiones sin consultar a nadie, pues solo depende de nosotros".

  Rosa.

- ❖ "Las críticas me han valido siempre, escucho mucho a una psicóloga por la radio. Jamás hemos permitido que se meta alguien, es más, hemos pedido que se respete".

  Claudia.

❖ "Durante la crianza fui criticada por mi edad, como era joven a veces quería viajar y el padre se la quedaba una vez al año, todo un mes, y yo podía viajar.

»Mi madre me reprochaba eso, pero yo sabía que yo, cuando estaba con mi hija, le daba tiempo de calidad, de hecho, hay mamás que también me critican por ser amiga de mi hija. Ellas dicen que lo importante es marcar que eres madre y no amiga.

Sin embargo, a mí ser su amiga me ha funcionado, mi hija no me oculta las cosas, ella me cuenta todo lo que hace y eso me da una tranquilidad muy grande.

»Por ello yo recomiendo que sean amigas, es decir, que den más **calidad que cantidad.** Porque luego hay madres que están todo el día con la niña, pero la tratan mal.

»Y las críticas por mi edad hasta insinuaban que era muy suelta solo porque me embaracé joven, y al final no le di importancia".

Paula.

❖ "Siempre hay alguien que te dice: «Pues yo lo hacía así». Yo escuchaba las críticas, pero luego valoraba si las quería así o no".

Ana María.

❖ "En mi caso, me molesta que cuando informo de una decisión propia de nosotros, los padres, toda la familia empiece a opinar de si les parece o no les parece.

»Yo he optado por ignorarlos, a fin de cuentas somos nosotros los padres".

Angie.

❖ "En mi caso, nadie me dijo nada, ni para bien ni para mal, creo que me hubiera gustado escuchar lo que pensaban".

Elena.

Pues bien, las participantes mayoritariamente se han centrado en toma de decisiones, en las cuales, a pesar de que el entorno las juzgara por hacerlo, ellas lo tenían claro.

Muy bien por ellas, que sabían que como madres no se equivocan.

Elena, en cambio, argumenta que nadie ha querido ni opinar, ella durante todas sus respuestas se percibía notablemente afectada al revivirlo.

Tal como hemos explicado anteriormente, su madre, que era su gran protectora, había fallecido y no pudo estar con ella en estos momentos.

Quizá eso no le hubiera afectado si no fuera porque ella en la actualidad no vive en el lugar donde vivió toda su infancia y adolescencia, donde dejó amigas, etc.

Todo esto la ha hecho caer en el rol de mamá víctima sin proponérselo, porque realmente es una mujer que teóricamente sabe mucho del por qué suceden las cosas, sin embargo, llevarlo a la práctica es lo que determinará el éxito de aplicar estas técnicas.

Ella es consciente de sus poderes interiores, pero no los activó.

Se dejó llevar por la fuerza de la prueba que la vida le ponía, se dejó llenar de sentimientos negativos.

Ella, en la entrevista, me explica lo siguiente:

"Benditas las mamás que tienen a la abuela, o la tía, o quien sea que les ayude".

Esto refleja su dolor por esas personas que ella considera que debían estar ahí con ella.

Y el no tenerlas fue devastador, pues también me comentó:

"Caí en un estado de neurosis".

Y es normal si tú de verdad te crees víctima de la situación y solo ves lo que te falta, y no lo que tienes y lo que quieres crear.

Y volvemos a lo mismo, no estamos juzgando su actitud para nada. Segura estoy de que ella hizo todo lo que creyó era lo mejor, tan es así que acabó pidiendo ayuda profesional y, posteriormente, incluso se ayudó con la guardería.

Aquí de lo que se trata es de que te des cuenta de, si no estás preparada mentalmente, todo lo demás se desmorona.

No es un trabajo fácil, pues tal como hemos hablado antes, dependerá de tu tipo de mentalidad, si es fija o en crecimiento, y del tipo de programación que tengas en tu sistema de creencias.

Ya que quizá te encuentres que un día haces meditación y, a la media hora, ya estés llorando.

Será normal, pero no debes rendirte, TRABAJA duro y conviértete en esa supermamá que sabe que el único amor que necesita para llevarlo con éxito es el suyo propio.

No esperes nada de los demás sin antes darte a ti misma lo que tú mereces.

Todos estos temas, en los cuales está involucrado **el amor,** los analizaremos en el siguiente libro de esta trilogía que he creado para ti desde el fondo de mi corazón.

Es bien sabido que no existe nada como el instinto maternal. ¿Te ha pasado que, por mucho que te intenten convencer de tomar una decisión, hay una fuerza sobrenatural que te empuja a tomar otra?

Ese es tu **poder azul.**

Es importante que, primero que nada, **confíes en** él, no te fallará.

Su principal función es darte las respuestas a **todo,** así que bastará con que sepas que, **siempre** que tomes una decisión basada en este **poder,** estarás **acertando.**

CAPÍTULO 19

POTENCIANDO EL PODER AZUL

Aquí vienen mis recomendaciones para potenciar tu **poder azul**.

Iniciaremos con un mantra que es realmente precioso por su significado y por lo que te transmitirá.

Cuando te sientas agobiada entre tantas opiniones, sin saber si lo que quieres hacer es correcto o no, tómate un respiro.

¿Crees que no tienes tiempo?

Pues sabes qué te digo, hazlo mientras te bañas, mientras te vistes, mientras te peinas, es igual.

Pero ¡hazlo!

A continuación te dejo el código QR del siguiente mantra:

MANTRA

OM

NAMO

BHAGAVATE

VASUDEVAYA

Repítelo, a ser posible, durante dos minutos cuando tengas la necesidad de potenciar tu **poder azul,** es decir, obtener más claridad mental.

Significado: "Hágase tu voluntad y no la mía, no me des lo que yo quiero, sino lo que yo necesito".

"Yo me entrego a la Verdad".

"Yo invoco y me rindo a lo Divino".

Cantar este mantra es muy liberador, especialmente cuando tienes algún problema al que no paras de darle vueltas.

Cuando lo cantas, liberarás esa carga mental en la sabiduría universal, ella te ayudará a que se resuelva.

En internet podrás encontrar muchos audios donde puedes encontrarlo, si prefieres hacerlo de esta manera.

Confía y camina con fe certera.

Recibirás la claridad que necesitas. La conciencia superior sabe lo que es mejor para ti y no lo que tú quisieras.

Cuando estás preocupada por un tema en concreto, solo puedes pensar en ello o centrarte en la emoción que te está produciendo, por lo cual es difícil darte cuenta de que dentro de tu mente hay un universo de pensamientos y que puedes elegir.

Ya que nuestra mente es como un lago con las aguas revueltas, todo tipo de objetos flotan en ellas, es decir, pensamientos, emociones, sensaciones…

Si activas tu poder azul, serás capaz de observar el pensamiento y la emoción, y podrás **ensanchar ese pensamiento** y, por consiguiente, **cambiar la perspectiva,** de manera que el agua de tu mar mental depositará en el fondo todos esos objetos flotantes y tú podrás adquirir así claridad mental.

Así es que obtendrás **atención plena**, tendrás **claridad** y, por consiguiente, responderás efectivamente **controlando las emociones**.

Así es que será de gran importancia que lo trabajes reiteradamente, ya de por sí la vida adulta en la que vivimos actualmente, esa en la que nos quieren obligar a olvidarnos de todo lo que nos gustaba de niños, porque según esto "Son cosas de niños"; pues hacen que vivamos solo creyendo que ser adulto es solo trabajar en algo que no te gusta generalmente y sobrevivir.

En el siguiente tomo de este libro ya te hablaré más ampliamente de cómo podrás evitarlo.

Pues bien, bastante tenemos los adultos con preocupaciones y la limitación impuesta al no poder hacer nada que se considere infantil porque los otros adultos nos pueden etiquetar como *ridículos*, reírse de nosotros o tacharnos de locos, de igual manera que en otras épocas a los genios los etiquetaban como *locos*.

Pero si, además de ser una mujer adulta, ahora eres madre, sabes que las responsabilidades, preocupaciones, etc., todo esto provoca que construyas lo que sería tu propio diálogo mental, el cual, si no es beneficioso para ti y está lleno de cosas negativas que te perturban, esto puede llevarte a caer en depresión.

Por ello es importante que aprendas a vivir con calma y deberás tomar momentos para trabajar contigo misma.

Sin embargo, las mamás tienden a dar su vida por el hijo/a y no se trata de eso.

Amarlos y darles lo mejor de ti no quiere decir que tú debes morir para que ellos vivan.

Te digo todo esto porque ya sé lo que estás pensando: "No tengo tiempo para meditar", "No tengo tiempo para hacer los ejercicios".

MENTIRA PODRIDA

Sí tienes tiempo, pero yo sé que tú prefieres descansar cinco minutos, a ser posible, a cantar un mantra, lo sé. Sin embargo, ese descanso viendo la televisión no te reactivará ni te ayudará a solucionar nada.

Debes entender que tu hijo/a te necesita de verdad, una madre fuerte en todos los sentidos.

Es por ello que es de vital importancia que continúes con tu preparación, activando tus superpoderes interiores, y adquieras el segundo tomo de esta trilogía, en la cual adquirirás mayor conciencia del cambio que debes hacer.

Es sencillo, pero tienes que ser constante como cualquier entrenamiento.

Ahora es tiempo de **actuar.**

Vamos a realizar una meditación para potenciar tu poder azul, basada en una meditación **mindfulness**, que va de parar y observar, es un método de meditación simplificada que nos ayudará a centrarnos en nuestro momento presente.

A continuación ha llegado el momento de calmar tu mente y disfrutar.

Lo haremos realizando la meditación del **poder azul un minuto.**

La he titulado así porque tan solo necesitarás un minuto.

Así es, tan solo un minuto cada día podrá volverte una persona más plena.

Te dejaré el código QR, verás que durante el audio habrá silencio, especialmente para que puedas escuchar tu respiración, aprovéchala.

Estas son las instrucciones para realizar la práctica:

1. Cierra la puerta o busca un lugar donde nadie te vaya a interrumpir o, directamente, pide que no te molesten durante un minuto.
2. Siéntate en una silla.
3. Silencia tu móvil, quítale incluso la vibración para que nadie te moleste.

Entra en el siguiente código QR:

Y ahora, ¿cómo te sientes? No está nada mal para un minuto, ¿verdad? Un minuto puede ser todo lo que necesitas para ver la vida diferente.

Otra manera en la que puedes trabajar el **mindfulness** será pintando *mandalas*.

Los dibujos podrás enseñárselos a tu bebé y le encantarán.

Esto, incluso el día de mañana, cuando tu hijo/a sea mayor, podrás hacerlo en su compañía y lo disfrutareis mucho.

Es una manera de mantener la mente en el estado presente, además de que estimula tu parte creativa.

En internet podrás encontrar diferentes dibujos que podrás imprimir para poder llevarlo a cabo.

CAPÍTULO 20

DIOS CONFÍA EN TI

Pues bien, querida lectora, si has llegado hasta aquí es porque realmente ya eres consciente de que para ser una supermamá poderosa deberás esforzarte trabajando en cada uno de ellos, caminando con **fe certera.**

Sabrás ya que el camino no es fácil, serás un poco más consciente de lo que te espera y podrás entender mucho mejor a todos los que te rodean, para actuar de manera justa.

También has podido descubrir que Dios, tu divinidad, el universo, la fuente de energía, o como quiera que le llames, te ha escogido a ti para esta misión y te ha dado unas cualidades únicas para llevar a cabo la misión con éxito.

Sabes también que tu hijo/a te ha escogido a ti y a nadie más porque reúnes todo lo que necesita para vivir su experiencia terrenal.

Por lo cual, querida mamá, ¿qué piensas hacer?

¿Quieres ser una mamá normal que solo sobrevive a la batalla?

¿O quieres ser la mamá superpoderosa ganadora de mil batallas? Si estás realmente comprometida con tu cambio y con tu responsabilidad.

TESTIMONIOS

La trilogía de los superpoderes está cambiando ya la vida de muchas mujeres que son mamás y que buscan lograr una crianza feliz, así como alcanzar el éxito en todas las áreas de su vida.

Te comparto cómo la técnica de los superpoderes está impactando a las mamás que ya lo han leído y que empiezan a aplicarlos en su día a día.

"Gracias, Diany, por darnos a conocer estos tres superpoderes que explicas de forma muy amena y sencilla y que te empoderan a la hora de representar esta función de madre, en este caso, una SuperMamá. Ha sido de gran utilidad".

María Torres Moros, empresaria y escritora.

"El libro de Diany me ha sorprendido y encantado. Totalmente recomendable para las mamás primerizas que se enfrentan a tantos cambios e inseguridades.

Este libro les proporciona la confianza y la información necesarias para ver la maternidad desde una perspectiva mucho más creativa y sanadora a la vez. Una herramienta muy poderosa".

Neus García Acera, autora de *Tdah ¿Sabes Quién Eres Real-Mente?*

"Recomendación. Si estás esperando un bebé, si vas a ser mamá o ya lo eres, te recomiendo este maravilloso ejemplar, donde vas a lograr una estabilidad emocional a la vez que estarás bien contigo misma y tus hijos. Un sencillo método para reforzarte en tu maternidad. Gracias, Diany".

Gema Rivera, autora de la trilogía *Tus Desafíos*.

"Esta trilogía, sin lugar a dudas, te enseñará una manera diferente de abordar un tema que nos atañe a todas las mujeres. Yo que tú no perdería ni un segundo en leerlo. En él encontrarás respuestas a tus dudas. Gracias, Diana, por este regalo".

Noemi Susana Velasco Meana, autora de *En BUSCA de un nuevo camino.*

"Gracias, Diany, por tu franqueza: este no es otro libro de cómo ser una supermamá, este es un libro que nos descubre el verdadero poder que ya está dentro de nosotras y de la gran oportunidad de desarrollarlo al SER mamá".

Mercedes Sevillano.

Adquiere ya el segundo tomo de este libro, en el cual te explicaré más a fondo cómo reencontrarte contigo misma, con esa mujer que ahora mismo estás añorando, y cómo invitarla a ser **solo una** ahora, juntas dentro de esta maravillosa aventura.

Y ahora solo me resta darte las gracias por confiar en mí, por darme la oportunidad de entrar a través de estas líneas en tu vida, y espero que esta técnica recogida con amor y esfuerzo te dé los **maravillosos** resultados que a mí me dio en su momento y que ahora te bendecirán a ti y a toda tu familia por siempre.

Mil gracias, te amo.

www.dianypeñaloza.com

SÍGUEME EN MIS REDES SOCIALES

 @dianypenalosa

 DianyPeñaloza

 DianyPeñaloza

 www.dianypeñaloza.com

www.ingramcontent.com/pod-product-compliance
Lightning Source LLC
Chambersburg PA
CBHW022004160426
43197CB00007B/273